아빠

왜 이제 왔어요

아빠 왜 이제 왔어요

초판 1쇄 인쇄	2018년 4월 16일
초판 1쇄 발행	2018년 4월 20일
지은이	김종엽·김정남
발행인	유준원
고문	강원국
편집장	서정현
편집팀	한미숙
디자인	김영진
발행처	도서출판 더 클
공급처	명문사, 북센
출판신고	제2014-000053호
주소	서울시 금천구 가산디지털 1로 212, 709-3 (가산동, 코오롱애스턴)
전화	(02) 857-3086
팩스	(02) 2179-9163
전자우편	thecleceo@naver.com
ISBN	979-11-86920-21-3 (03190)

* 무단 복제와 무단 전재를 금합니다. 잘못된 책은 바꾸어 드립니다.
* 이 출판물은 저작권법에 의해 보호를 받는 저작물이므로
  무단 복제할 수 없습니다.
* 이 도서의 국립중앙도서관 출판예정도서목록(CIP)은
  서지정보유통지원시스템 홈페이지(http://seoji.nl.go.kr)와 국가자료 공동
  목록시스템(http://www.nl.go.kr/kolisnet)에서 이용하실 수 있습니다.

아빠
왜 이제 왔어요

다름
그리고
무조건적인 사랑

김종엽·김정남 지음

평범한 가족이지만 우리는 조금 다른 게 딱 하나 있다. 그것은 입양가족이라는 점이다. 고향이 같은 나와 아내는 목사님의 소개로 가정을 꾸렸다. 두 아들을 키우며 행복하게 살던 어느 시절, 입양을 결정했다. 두 딸을 가슴으로 낳은 것이다. 대한민국의 수많은 입양가족이 그러하듯 말이다.

프롤로그

　그동안 앞만 보고 달려온 것 같습니다. 30여 년 전 아내를 만났고 첫째 은총이, 둘째 의현이를 낳았습니다. 성장하는 두 아들을 보면서 천하를 얻은 것처럼 팔불출이 되어 자랑했습니다. 부부에게 아이는 자랑이었습니다. 당시엔 '둘만 낳고 잘 살자'는 분위기였고 아내도 만족하며 아들들을 키웠습니다. 하지만 허전한 마음이 조금 있었습니다. 그렇게 13년 후 다은, 다혜를 출산했습니다. 그냥 출산이 아니라 가슴으로 출산했습니다. 바로 입양입니다. 여섯 식구는 좌충우돌, 꼼양꼼양 서로의 성장을 돕고 있습니다. 이 책은 여섯 식구의 기록이기도 합니다.

  입양 당시 경제적으로는 어려운 시기였습니다. 그래서 시골로 내려가는 결정을 했습니다. 시골생활이 불편한 점도 있었지만, 여섯 식구의 뿌리를 튼튼하게 하는 계기가 되었습니다. 막내딸 다혜의 아토피가 완치된 것과 아내가 '새댁' 칭호를 얻은 건 시골생활에서의 즐거움입니다. 이제 우리 가족은 각자의 삶에서 최선을 다하고 있습니다. 첫째 은총이는 꿈을 위해 준비하고 있고, 둘째 의현이는 공인회계사 시험에 합격하여 여의도에 있는 회계법인에서 근무하고 있습니다. 셋째 다은이는 고1이 되어 기숙사가 있는 학교에 다닙니다. 넷째 다혜는 중학교 2학년으로 학교생활을 잘하고 있습니다.

  30대 때 아들들을 자랑했던 팔불출 아빠로서 지면을 빌려 잠시 딸들을 자랑하고 싶습니다. 첫째 다은이는 초등학교, 중학교 시절 전교 학생회장을 맡았습니다. 리더십과 언어능력이 탁월한 딸입니다. 딸은 전라북도에서 지원하는 글로벌 해외연수 장학생을 다녀올 만큼 인정받고 있습니다. 다혜는 오케스트라 연주회 모임에서 플루트를 연주하는 정이 많은 아이입니다. 다혜는 사회를 따뜻하게 할 어른으로 성장할 것입니다. 두 딸은 지난 입양인의 밤에 여러 친구와 함께 연주회를 하며 한껏 기량을 뽐냈습니다. 환갑을 앞둔 아빠는 그저 웃음 짓고, 행복할 따름입니다.

팔불출 소리를 각오하고 이런 글을 쓰는 건 입양의 행복을 경험했기 때문입니다. 두 아들은 아들대로 든든함이 있고, 두 딸은 딸대로 행복함이 있습니다. 주름과 피곤함이 가득한 중년 남성의 얼굴이지만 봄 벚꽃처럼 예쁜 딸들과 함께 셀카 사진을 찍는 일, 거기에 수다까지 떠는 '범사의 즐거움'은 늦둥이를 낳거나, 입양한 사람만이 아는 행복일 듯합니다.

아이는 '신의 선물'입니다. 무한한 가능성이 있는 생명입니다. 모든 아이는 부모의 사랑과 안정된 가정에서 자랄 권리가 있고, 모든 어른은 사랑과 안정된 가정에서 아이를 자라게 할 의무가 있습니다. 지금도 이런저런 이유로 입양을 기다리거나, 시설에 있는 아이들이 많습니다. 대한민국은 복지서비스 개념이 선진국에 비해 부족합니다. 현재 사회적 안정망에 한계가 있다면 입양이 하나의 방법일 수 있습니다.

현재 입양특례법은 철저한 검증이라는 이름으로 현실에 맞지 않게 입양 희망 가족들에게 좌절을 주고 있습니다. 그리하여 통계적으로도 입양이 줄어드는 추세입니다. 안정된 가정보다 시설에서 보내는 아이가 늘어나고 있는 상황인 것입니다. 이 책이 이런 현실을 알리고, 입양에 필요한 실질적인 방법을 제시하는 데 조금이나마 일조할 수 있길 희망합니다.

모든 영광과 기쁨을 하늘나라에 계시는 양가(친가, 처가) 부모님과 우리와 항상 마음을 같이 해준 형제자매들, 그리고 전라북도청 지사님을 비롯한 도 소속기관 여러 직원들과 함께 나누고 싶습니다. 우리에게 바른 지침을 주고 동고동락해온 한국입양홍보회 창립자를 비롯한 전현임 회장님과 임원들에게도 감사드립니다.

또한 전국 각 지부와 항상 생사고락을 나누었던 전북지

부장님 이하 지금도 마음을 함께 나누고 있는 여러 회원 가정들의 부모님 그리고 자녀들과도 기쁨을 나누고자 합니다. 더불어 이 책이 나오기까지 도와주신 도서출판 더클 유준원 대표님과 임직원분들 그리고 끊임없는 격려로 용기를 주신 전주 리더스클럽 회장님, 회원님들께 고개 숙여 감사를 드립니다.

  아직도 입양되기를 기다리고 있는 전주영아원, 나주영아원을 비롯한 여러 입양기관이 있습니다. 이 글을 통하여 한 명이라도 더 입양되길 바라는 마음입니다. 저희보다 더 훌륭한 가정들이 많은데 송구스럽게 우리 가정의 사례를 먼저 올리게 되어 죄송한 마음으로 책을 열고자 합니다.

저자 김종엽·김정남

chapter 1
차이를 차별로 보는
시선 속에서

우리는 평범한 가정입니다 *20

사람을 선물 받는다는 그 귀한 의미 *25

다은, 다혜이야기 다은아 춤춰봐 *30

그리움은 누구에게나 있는 감정입니다 *33

다름 그리고 무조건적인 사랑 *38

한 가족으로 받아들이기 *43

다은, 다혜이야기 내일이면 우리는 여섯 식구 *49

타인의 시선을 신경 쓸 틈이 없다 *52

시대를 따라가려는 나이든 부모의 변(辯) *56

입양은 저출산의 대안이 아닙니다 *61

다은, 다혜이야기 맘은 헉헉 힘들다 *66

chapter 2
가족이라는 이름으로 산다는 것

부부, 충분한 대화와 협의가 우선 • 72
친척에게 어떻게 이야기할까 • 77
다은, 다혜이야기 안 돼요! 내 동생이에요 • 81
또 한 번 주어진 소중한 기회 • 84
아이를 고유의 인격체로 본다는 것 • 89
똑같이 사랑하고, 똑같이 혼내라 • 94
다은, 다혜이야기 모전여전(母傳女傳) • 99
가족을 하나로 만드는 아이덴티티 • 102
문화 속에서 진정한 관심이란 • 107
힘겨워도 다시 한번 사랑을 새긴다 • 111
다은, 다혜이야기 품위 있는 말 • 114

chapter 3
서류에 지쳐,
입양을 포기합니다

당신의 아이입니다 * 120

생명을 책임지는 일 앞에서 * 124

다은, 다혜이야기 좋은 줄 알았는데, 너무 예쁜이들 * 129

전문기관의 도움을 적극적으로 받자 * 132

입양부모 조건과 챙겨야 할 서류들 * 137

세세한 케어를 받지 못한 아이입니다 * 144

다은, 다혜이야기 다혜도 여자다 * 149

정해진 운명, 다시 만날 때를 * 151

행복, 그 이름을 포기하지 마세요 * 156

다은, 다혜이야기 시험장이 되어버린 텃밭 * 161

chapter 4

입양초보 부모가 챙겨야 할 7가지

경제적 고민에 지레 겁부터 내지 말자 * 166

똑같은 아이, 똑같은 애착 형성법 * 172

다은, 다혜이야기 백치미 매력덩어리 * 177

주변 사람들과 교류하며 자라게 하라 * 179

입양 받아들이기 연습법 * 184

번개를 요청할 수 있는 입양모임 참여 * 188

다은, 다혜이야기 5월은? * 192

큰 결정, 거주지에 대한 고민 * 194

21세기 부모로 무장하기 * 199

다은, 다혜이야기 딸 울리는 아빠 * 203

chapter 5
아이를 위해 사회가 해야 할 일

현실에 맞게 바꿔야 할 입양특례법 *208

정부주도 입양, 로망과 현실 사이에서 *213

다은, 다혜이야기 엄마의 위기 *219

월 15만 원보다 더 필요한 건 *221

소수 일탈을 전부라고 판단하는 성급함 *226

더 많아야 할 입양 전(前), 후(後) 교육 *231

다은, 다혜이야기 갱년기와 사춘기, 다은이 일기 *236

전무후무한 학교 내 입양교육 *238

한 아이는 우리 모두의 책임입니다 *243

더도 말고, 덜도 말고 마음만 열어주세요 *247

다은, 다혜이야기 3중주 *252

chapter 1
차이를 차별로 보는
시선 속에서

우리는 평범한 가정입니다

 퇴근 후면 큰딸과 작은딸은 어김없이 나를 반갑게 맞이한다. 어릴 때는 유독 안기거나 행복하게 소리 지르며 반겨주었다. 지금은 새침데기 시절을 지나 고1, 중2로 어엿한 숙녀가 되었다. 딸들을 볼 때면 직장에서 힘든 일은 잠시 잊게 된다. 우리 가족은 저녁을 먹고 아주 소소한 이야기들을 나눈다. 딸과 아내는 컴퓨터를 하거나 TV를 보면서 1시간 동안 수다를 떨기도 한다. 나 또한 느긋하게 운동을 즐기거나 책을 읽으면서 하루를 마감한다. 이게 일상적인 우리 집 풍경이다.

　아침에는 여느 집의 풍경처럼 바쁘다. 딸들은 학교 갈 준비를 하고 나는 회사 갈 준비를 한다. 나와 딸들을 챙겨 줘야 하는 아내 역시 바쁘다. 주말 풍경이라고 다를 바 없다. 토요일은 이것저것 밀린 일들을 처리하는 날이다. 친구를 만나거나 자유 시간을 보내는 딸들, 모처럼 아침 시간의 여유를 느긋하게 즐기는 아내, 그리고 주일은 예배를 드리는 날로, 그야말로 평범한 한 가정의 모습이다.

　나는 전라북도 소속 공무원으로 자연이 좋아 농업을 배웠고 지금은 익산에 있는 농업기술원에서 근무하고 있다. 그리고 아들 둘, 딸 둘을 키우고 있는 아빠이기도 하다. 아들 둘은 다 커서 각자의 길을 가고 있다. 딸들은 아직 나와 아내의 손길을 필요로 한다. 요즘 세상에 보기 드문, 자녀가 많은 가족이라고 볼 수 있다. 학교 친구나 회사 동기들은 자녀가 두 명 내외로, 대부분 아이들이 성장하여 자유를 만끽하고 있다. 하지만 우리 부부는 예쁜 딸들을 아직 몇 년 더 키워야 할 것 같다.

　평범한 가족이지만 우리는 조금 다른 게 딱 하나 있다.

그것은 입양가족이라는 점이다. 고향이 같은 나와 아내는 목사님의 소개로 가정을 꾸렸다. 두 아들을 키우며 행복하게 살던 어느 날, 입양을 결정했다. 두 딸을 가슴으로 낳은 것이다. 대한민국의 수많은 입양가족이 그러하듯 말이다.

어느 날 아내가 조용히 말을 건넸다. 평소 밝고 쾌활한 아내인데 그날따라 표정이 어두워 보였다.

"여보, 민지 엄마가 민지를 모임에 데려갔는데, 친구가 조용히 '너 엄마가 잘 해주니?' 하고 물었대요. 그것을 민지가 엄마한테 말했나 봐. 민지 엄마가 그런 말을 들은 것이 한두 번은 아니었겠지만 친한 친구에게 그런 말을 듣게 되니 슬펐대."

"민지 엄마, 생각보다 마음이 여린데…. 걱정이네."

오지랖 넓은 여자의 말실수라고 생각할 수 있다. 하지만 우리 딸들도 누군가에게 들었거나 들을 수 있는 말이었다. 걱정이 앞섰다. 속 깊은 두 딸은 그동안 어른들의 말과 아이들의 놀림 속에서도 티 한번 내지 않고 잘 자랐다. 아빠로서, 책임감 있는 사회인으로서 이런 입양환경을 물려줄 수밖에 없어 아이들에게 미안한 마음이 든다.

'아이는 마을 전체가 키운다.'

이런 말이 있다. 마을이 모이면 사회, 더 나아가면 국가가 된다. 모든 구성원은 나라의 일원인 것이다. 모든 아이는 가정과 국가가 함께 키운다. 여기에 한 치의 차별이 있어서는 안 된다. 모든 아이들이 똑같이 대우를 받아야 한다. 정책은 물론, 바라보는 시선에서도 마찬가지다.

아들 둘을 키우다 보니 나는 딸을 키우고 싶었고, 아내를 설득한 끝에 딸 둘을 입양했다. 잘 키우고 싶었다. 아이의 소중함을 알기 때문에 부족한 게 무언가 항상 돌아보았다. 입양가족 모임에 나가면 여러 가족의 풍경이 있다. 난임 가족, 아들만 또는 딸만 있는 집, 늦둥이를 키우는 집 등 각양각색이다. 사연은 다르지만 공통점이 하나 있다. 누구보다 가족의 소중함을 깊이 알고 있다는 점이다.

우리에게 입양의 이미지는 미디어를 통해 전해진다. 막장드라마의 단골 소재에는 주로 입양이 많거나 혹은 입양으로 인한 갈등을 다룬다. 수많은 모습 중에 유독 입양이 부정적으로 그려지고 있다. 이것이 입양을 바라보는 우리의 현주소에 일조를 하게 한다. 오히려 2017년 아동학대 76%가 친부모란 통계가 있다. 그런데 소수 중 소수인 입양가족의 가정폭력에 대해 대대적인 보도를 한다. 그리고 그것에 자극적인 생각을 덧씌운다. 많은 입양가족을 문제 있는 가정으로 생각하게 하는 부정적인 시선을 담는 것이다. 입양을 부정적으로 바라보는 시선은 아이, 부모 모두를 힘들게 만든다.

우리 가족은 다른 가족과 분명히 다른 점이 있다. 하지만 이를 차별로 보는 시선은 바람직하지 않다. 세상에는 여러 종류의 가정 형태가 있고 모두 존중받아야 한다.

사랑을 선물 받는다는
그 귀한 의미

어린 시절로 기억한다. 마당에 뜨거운 물을 버리려고 할 때, 할아버지는 작은 냇물에 버리라고 말씀하셨다. 땅 속의 지렁이 또는 땅강아지가 다칠 수 있기 때문이라고 했다. 할 수 없이 물을 냇물에 버렸다. 당시에는 이해할 수 없는 말이었지만 지금은 어렴풋이 이해할 수 있다. 모든 생명은 다 소중하다는 뜻일 것이다. 겨울이 가고 봄이 올 때쯤 두릅나무를 보면 나도 모르게 감탄사가 나오곤 한다.

아무리 기술이 발전해도 생명은 오직 신(神)만이 만들

수 있다. 아이는 신의 선물이다. 또한 입양은 사람을 선물로 받는 귀한 일이다. 나는 신앙인으로서 하나님을 믿는다. 그리고 우리는 하나님의 자녀이며, 어머니 뱃속을 빌려 태어난 입양아들이다.

다른 종교도 비슷한 믿음일 듯하다. 우리는 각자 믿는 신의 자녀라는 것 말이다. 단지 어머니 뱃속을 빌려 태어났을 뿐이다. 과거의 우리는 혈연을 중요시하여 단일 민족이라는 5000년 역사를 자부했다. 하지만 수많은 외침과 같이 정말 단일민족일까? 21세기엔 이주여성이 늘어나고 글로벌 인재가 많아지면서 단일민족이란 말은 교과서에서도 사라졌다.

과거처럼 외국인이 눈에 띄는 존재가 아니고 이제 국제 결혼도 자연스럽게 받아들이는 시대가 되었다. 하지만 혈연을 중요하게 여기는 뿌리 깊은 문화는 쉽게 바뀌지 않는다. 50년 후에나 가능한 일인 듯 싶다. 신의 관점에서 우리 모두는 입양아인데도 아직 혈연에 매몰되어 있다.

난임으로 임신이 힘든 부부를 종종 만나게 된다. 그들은 나에게 입양에 관한 조언을 구하기도 한다. 사연이야 어찌 되었든 인공수정 등 각고의 노력을 하지만 대부분 임신이 잘 안 된다. 나는 아이 키우는 재미와 보람 그리고 활력을 알기에 안타까운 마음이 들어 입양을 적극적으로 추천한다. 난임 부부의 경제성과 건전가정 여부는 입양특례법에 따라 판사가 판단하므로 나중의 문제다. 당장 부부가 걱정해야 하는 것은 사회적인 편견이다. 부부에게만 아니라 아이에게도, 친생부모에게도 편견을 보내기 때문이다.

첫째, 친생부모에게 버려진 불쌍한 아이라는 시선, 둘째, 입양부모에게는 문제 있는 부부 또는 남의 아이까지 키우는 위대한 부부라는 시선이다. 또 셋째, 친생부모에게는 아이를 포기한 불쌍한 사람이라는 시선이다. 내가 만난 대부분의 난임 부부는 우리의 평범한 이웃이다. 문제 있는 부부이거나, 위대한 부부가 결코 아니다. 입양동의서에 사인한 친부모 역시 아이를 못 키울 뿐이다. 아이의 소중함을 알면서도 더 좋은 곳에서 키우기 위해 입양을 보내는 것이다.

입양에서 미혼모는 빼놓을 수 없다. 북유럽국가 노르웨

이 왕세자빈 메테마리트. 그녀는 호콘 왕세자의 아내로 차기 왕비가 된다. 그런데 혼전에 마피아와 관계를 가진 미혼모였다. 왕가만큼 혈연을 따지는 곳도 없지만 왕가는 미혼모인 그녀를 받아들였다. 노르웨이는 1인당 GDP가 세계 3위인 부자나라다. 복지 천국으로, 우리나라에서 이민을 많이 꿈꾸는 곳이기도 하다. 그 원동력은 편견 없는 문화도 한몫할 것이다. 우리나라도 이런 세상이 오길 희망한다. 입양아, 입양부모, 친부모를 평범한 사회의 평범한 구성원으로 보는 시선 말이다.

부모라면 누구나 아이의 옹알이를 들어봤을 것이다. 전 세계 모든 아이는 옹알이를 한다. 이 옹알이는 언어를 배우기 전의 아이 언어다. 옹알이를 '천사의 언어'라고 부르는 것처럼 천사의 언어를 쓰는 아이는 무한한 존재이다. 어떤 존재가 될지 아무도 알 수 없다. 그래서 아이는 더 좋은 곳, 더 행복한 곳에서 자랄 권리가 있다. 입양은 무한한 가능성이 있는 아이를 선물로 받는 일이다. 얼마나 경이로운가.

나 역시 이 무게감에서 자유롭지 못하다. 수시로 반성하고 있다. 아이는 부모가 어떤 생각과 행동을 하느냐에 따라 달라진다. 아이가 우리의 미래라고 한다면 입양은 우리 모두 함께 생각해봐야 한다. 임신은 자연스러운 것이고 입양은 문제 있는 것이 아니다. 사람을 선물로 받는 일, 그것은 아이를 잘 키워야 한다는 사실과 같은 문제이다. 아이를 키우며 겪는 수많은 어려움 또한 모든 부모에게는 같은 일일 듯하다. 입양가족을 바라보는 편견이나 부정적인 시선부터 달라지는 것, 그것이 시작이다.

다은, 다혜 이야기
다은아 춤춰봐

　2005년 1월에 우리는 다은이를 처음 만났다. 2004년 12월 어느 날 퇴근 후, 나는 아내에게 평소처럼 "우리 입양을 하면 어떨까?"라고 했다. 사실 이 말을 10여 년 동안 가끔 해왔기 때문에 큰 의미는 없었다. 크리스천인 나는 한 명도 전도하지 못한 상태였다. 지금은 은퇴하신 이동휘 목사님은 수시로 한 영혼의 중요성에 대해 강조하셨는데 전도와 선교를 하라는 말씀이었다. 한 영혼을 구하는 것은 나에게는 준엄한 사명과 같았다.

내 말을 들은 아내는 충실한 신앙생활의 영향이었던지 여느 때와는 달리 흔쾌히 "좋아요. 당신의 말처럼 우리도 입양을 합시다!"라고 했다. 이것저것 절차를 마친 우리는 영아원으로 안내를 받았다. 입양 대상 아이와 처음으로 면담을 한 것이다. 처음에는 다은이가 쉽게 마음에 끌리지 않았다. 그러자 영아원 아동 담당 선생님이 "다은아, 노래를 해보렴! 그리고 춤을 춰봐."라고 했다.

이 말에 어린 다은이는 진지하게 노래하고 춤을 추었다. 3세 아이가 열심히 춤추고 노래하는 것을 보니 마음이 뭉클했다. 다은이를 면담하기 전, 처음 면담한 아이를 거절한 상태인지라 내 가슴 속에는 퍼뜩 하나님의 음성이 들려왔다.

'나는 너를 거절 안 하였는데 너는 아이를 차별하느냐?'

나는 이때 '제가 잘못했습니다. 당신이 조건 없이 저를 받아준 것처럼 이 아이를 받겠습니다.'라고 마음먹었다. 아내의 표정을 바라보니 아내도 같은 마음이었는지 고개를 끄덕였다. 그 후 약 1개월 동안 우리는 모든 입양절차를 마쳤다. 2005년 2월, 마침내 다은이와 한 가족이 되었다. 입양 후 며칠이 지나고 다은이와 단둘이 차를 타고 가는데 다은이가 갑자기 이렇게 말했다.

"아빠! 왜 이제 왔어요? 저는 엄마, 아빠를 얼마나 기다렸는지 몰라요!"

이 말을 듣자 나는 가슴이 먹먹해 왔다. 그 순간 다른 말을 찾지 못했다. 내가 할 수 있는 말은 하나뿐이었다.

"다은아! 미안하다! 아빠가 너무 늦게 다은이를 데리러 와서 정말 미안하다!"

그 후 우리 부부는 다혜를 입양하여 4명의 자녀를 둔 가족이 되었다.

그리움은 누구에게나 있는 감정입니다

언론에서 가끔 해외입양아가 한국의 친부모를 찾는다는 소식을 접하곤 한다. 한 살 때 입양된 기억에서부터 4살 때 입양된 연장아까지 그들에게는 각각의 사연이 있다. 그중 판소리를 하는 신미진 씨가 있다. 프랑스 이름은 미진 시메옹이다. 한 살 때 프랑스로 입양된 그녀는 시간이 지날수록 한국과 엄마에 대한 그리움이 컸다. 그래서 친엄마를 찾겠다는 일념으로 한국에 온다.

30년이 넘은 물리적 시간으로 인하여 엄마를 찾는 일은 힘들었다. 입양을 시킨 관련 기관에서도 작은 쪽지에 생년월일만 적혀 있었다. 하지만 그녀는 포기하지 않았다. 그러던 어느 날 우연히 판소리를 듣게 된다. 그리고 그 매력에 빠져 산과 강을 찾아다니며 연습한다. 그 후에 프랑스어로 아마추어 판소리 대회에 나가고 이곳저곳으로 행사를 다니며 엄마를 찾고 있다. 그녀의 말이 인상 깊다.

"제 뿌리를 찾고 싶어요. 엄마도 찾고 싶고요. 더 기쁘게 살고 싶거든요."

2016년 통계로 해외입양아들은 334명이다. 대부분 1~3세 미만이다. 어른들 기준으로 볼 때 정말 아무것도 모르는 나이에 입양된다. 하지만 그들은 태어난 곳을 그리워하며 뿌리를 찾으러 한국에 온다. 프랑스에서, 미국에서, 호주에서 인간이 가진 '태생적 그리움'을 안고 찾아온다. 평창올림픽 때도 입양아였던 한 선수는 "어머니의 땅에서 경기를 할 수 있어 행복했다."는 말을 했다. 해외입양아들이 부모를 찾는 다큐멘터리를 보면 그들은 "부모를 못 찾아도 부모의 땅에 온 것만으로도 마음이 편하다."고 한다.

나는 두 딸을 입양하고 입양 사실을 숨기지 않았다. 입양 관련 동화를 보여주거나 입양가족 모임에 적극적으로 동참했다. 아이가 크면서 자연스럽게 입양아라는 사실을 받아들이게 한 것이다. 어느 날, 입양가족 모임이 끝나고 아이가 물었다. "나도 민석이 오빠처럼 입양된 거야?"라고 했을 때 나는 입양 사실을 숨김없이 말했다. 그래서인지 딸들은 입양사춘기를 크게 겪지 않았다.

우리 부부가 입양 사실을 아이에게 일찍 말한 것은 부모와 자녀 사이는 신뢰관계가 중요하다는 생각 때문이다. 이 표현이 어색할 수 있지만 아이는 부모를 진심으로 믿고 의지한다. 그래서 훗날 입양아라는 사실을 알게 되면 더 크게 충격을 받을 수밖에 없다. 그것은 아이와의 신뢰관계를 무너뜨리는 충격이 될 수 있다. 그래서 나는 되도록 입양 사실을 일찍 말할 것을 권한다.

24살의 한 청년은 입양아였다. 한 살 때 입양되어 명문대학에 다니고 있었다. 그런데 명절에 철없는 친척동생이 입양아라는 사실을 갑자기 말했다. 청년은 대수롭지 않게 어머니께 넌지시 물어보았는데 어머니는 놀라는 눈치였다.

어머니는 잠시 후 눈물을 흘리며 입양 사실을 이야기했다. 청년은 24년간의 삶이 거짓으로 점철되었다고 커다란 오해를 했다. 그래서 극단적인 선택까지 하게 된다. 결국 집을 나와 혼자 살게 되었다.

주변의 입방아는 2차적인 상처이다. 예견된 일이다. 어릴 때부터 입양에 대한 교육을 받거나, 입양에 대해 긍정적이었더라면 좋았을 텐데 현실은 그렇지 못하다. 뒤늦게 안 아이들은 입양사춘기를 겪는다. 그래서 신생아 입양, 연장아 입양아에게는 입양을 공개해야 아이가 부모에게 끝까지 신뢰의 끈을 놓지 않을 수 있다. 그 공개는 빠를수록 좋다.

입양은 신생아 입양과 연장아 입양이 있다. 2~3살 이상 아이를 연장아 입양이라고 부른다. 우리 두 딸은 연장아 입양이다. 딸들은 기억에 없을지 몰라도 처음, 시설에서의 습관이 있었다. 그래서 우리 부부는 세심하게 그 습관들을 하나씩 고쳐나갔다. 더불어 한국을 다시 찾은 해외입양아 중에는 신생아 입양이 많다. 입양 숙려기간을 거쳐 입양부모와 입양된 곳에서 자란다. 하지만 태생적인 그리움에서는 벗어나지 못한다.

 입양아들이 엄마를 찾아가는 걸 보는 시선은 대부분 불쌍하다는 것이다. 또한 어떤 사연인지 궁금해하는 것들이 많다. 관심 있고 도와주는 건 좋지만 불쌍하다는 인식은 접었으면 한다. 불쌍한 게 아니라 사람이 갖는 당연한 그리움이라고 할 수 있다. 주변에서 입양가족이 가족을 찾는다면 응원해주고, 격려를 해주자. 사회 구성원으로서 건강하고 행복하게 사는 모습을 응원해주면 될 뿐이다.

다름 그리고
무조건적인 사랑

 가리지 않고 평등하게 사랑하는 것을 겸애(兼愛)라고 한다. 묵가는 목숨을 천하게 여기는 세상에서 겸애를 최고의 사랑법이라고 강조했다. 그는 겸애를 멀리서 찾지 않았다. 부모의 사랑이 겸애의 표본이라고 한 것이다. 한 사내가 있었다. 그는 '출장입상(出將入相)'이라고 하여 밖에서는 장수였고 안에서는 재상이라 불리는 인물이었다. 그리고 그의 곁에는 한 여인이 있었는데 멀리서 사내를 지켜보고 사랑했다.

어느 날 사내는 큰 실수를 하여 전쟁에서 패배한다. 분노한 황제는 사내의 다리를 잘라버린다. 사내는 쓸쓸히 고향으로 돌아온다. 여인은 그 사내를 어떻게 했을까? 보통의 여자라면 떠났을 것이다. 하지만 그녀는 사내를 변함없이 사랑했고 돌봤다. 그 여인은 다름 아닌 어머니였다. 부모의 사랑은 모든 걸 이겨내기 때문에 조건 없는 사랑이라고 한다. 차별 없고, 고민 없는 사랑 그 자체가 조건 없는 사랑이다. 다리가 있든 없든, 몸이 불편하든 그렇지 않든 무한 사랑을 하기 때문이다.

아이를 키우다 보면 병원 신세를 안 질 수 없다. 아이가 아프면 차라리 내가 아팠으면 좋겠다는 생각을 하게 된다. 입양가족 모임의 부부들도 똑같다. 아이가 아프면 내 잘못이고, 대신 아팠으면 좋겠다는 심정을 갖는다. 이것이 부모의 마음이다. 우리 부부처럼 아이가 있는 상태에서 입양을 한다면 겸애는 한 번쯤 생각해봐야 할 단어가 된다.

입양 전 우리 부부에게는 장성한 두 아들이 있었다. 큰아들은 고1, 둘째는 중2였다. 입양을 결정하고 내심 걱정하는 부분이 없지 않았다. 우리가 알게 모르게 차별을 하지 않을까 하는 마음이 그것이다. 이 부분은 많은 입양희망 부부의 고민이기도 하다. 하지만 걱정할 것이 없다. 대부분 입양가족에게 친자녀와 입양아의 나이 차는 크다. 또한 다른 성을 입양하는 일이 많다. 그래서 서로 경쟁할 일도 드물다.

언젠가 아내에게 일이 터졌다. 척추에 무리가 생겨 갑자기 걸을 수 없게 된 것이다. 한창 두 딸을 키울 때 주민센터 공무원이 아내에게 가장 힘든 일이 뭐냐고 물었던 적이 있다. 공무원은 법의 테두리 안에서 도와줄 수 있다고 했다. 이때 아내는 "아이들이 커가니 무겁다."라는 말을 했다. 그때 공무원은 황당한 표정을 지었던 기억이 난다. 아내는 아이를 안아 주다 정말 허리에 문제가 생겼다. 남편으로서 정말 미안한 일이었다.

아이가 어린이집에 있을 때 아내는 길을 걷다가 허리에 문제가 생겨 길거리에 주저앉아 한 걸음도 움직일 수 없게 된 것이다. 불행 중 다행으로 바로 앞에 한의원이 있었다. 아내는 기어가다시피 한의원에 들어가 도움을 요청했다. 문제는 아이의 어린이집이 끝날 시간이었다는 것이다.

아내는 정신을 차리고 둘째 아들에게 간신히 전화를 걸었다. 다행히 아들은 담임선생님에게 사정을 말하고 어린이집 차가 멈추는 곳에서 아이를 기다려 집에 데리고 왔다.

그리고 오빠로서 함께 놀아주었다. 형제 많은 집안에서는 나이 차 많은 큰 아이가 어린 동생의 엄마, 아빠가 되기도 한다. 두 딸은 오빠들을 좋아한다. 아들들도 두 딸과 함께 잘 지낸다. 오빠로서 부모 대신 동생들을 잘 돌봐야겠다는 책임감도 은연중에 배여있다.

나는 입양의 기쁨을 잘 알기에 입양홍보회에서 임원을 맡고 있다. 그래서 입양 관련 기관 직원들과 이야기를 할 기회가 많다. 입양 관련 기관에서는 신생아 입양 전 여러 가지 상담을 한다. 서류와 조건이 갖춰졌다고 하더라도 무조건 입양되지 않는다. 판사의 결과가 있을 때까지 위탁부모가 된다. 그리고 위탁부모 자격이 떨어지면 그제야 아이와 맞선을 본다. 이때 맞선에서 부부는 아이를 보고 다시 숙고할 수 있다. 숙고 횟수는 법으로 정해지지 않았다.

하지만 몇 번의 숙고가 거듭되면 입양기관 직원들은 '부부가 아이에게 무조건적인 사랑을 베풀 수 있을지'를 고민하게 된다. 몇 번은 숙고할 수 있다고 하지만 아이를 옵션처럼 선택하려는 마음은 안 된다. 무조건적인 사랑을 주지 못할 가능성이 크기 때문이다. 그러면 관계자들은 조용히 입양을 포기하게 된다. 이런 조치는 아이와 부부 모두를 위한 배려이다. 단지 외로워서 입양하려고 하거나 자신의 꿈을 대신 펼쳐줄 아이를 찾는 부부라면 입양을 다시 생각해야 한다.

아이는 내 욕심을 채워주는 존재가 아니다. 고유의 인격체다. 단지 내 손을 잠깐 빌려 자라나는 것뿐이다. 입양을 결정하기 전 조건 없는 사랑을 줄 수 있는지부터 깊이 생각해보자. 아이를 키우는데 차별은 있을 수 없다. 하지만 차이는 둘 필요가 있다. 우리 집은 아이가 4명이다 보니 각자 다른 재능이 있다. 그 재능을 펼치는 방법이 아이마다 각자 다르다. 부모는 거기에 맞추면 된다. 이것 역시 아이를 키우는 즐거움일 듯하다. 재능을 펼칠 때 실수나 실패를 하더라도 응원하고 끝까지 믿어주는 것이 부모의 겸애라고 할 수 있다.

한 가족으로 받아들이기

"두 아들을 키우며 겨우 여유가 생겨 그토록 원하던 딸 다은이를 입양한 것까지는 이해를 하겠다. 그러나 또 딸을 입양한다는 것은 반대한다."

아버지는 겉으로는 경제적인 이유라고 말씀하셨지만 사실은 전통적으로 혈연이 최고인 시대에 태어난 분이다. 또 입양을 하면 다시는 찾아오지도 말라는 말씀을 덧붙였다. 서운하기보다 당연하다는 생각이 들었다. 하지만 나는 아버지 반대에도 불구하고 결국 또다시 다혜를 입양하였다.

아버지 역시 완고함이 어느 정도 계속되었다.

가족을 중요하게 생각하여 입양을 했는데, 가족과의 인연을 끊는다는 건 앞뒤가 맞지 않았다. 안 되겠다 싶어 다은이와 다혜를 데리고 아버지를 찾았다. 혹시 몰라 친자로 등록을 마친 후에 호적등본, 주민등록등본도 함께 챙겨갔다. 다은이, 다혜를 본 아버지의 반응은 놀라웠다. 마치 높은 산 위, 얼어있던 눈이 햇살 받아 녹는 것처럼 순식간에 마음이 풀어졌다.

결정적인 것은 다은이와 다혜가 알아서 예쁜 여우가 되었다는 점이다. 딸들의 재롱이 끝난 후, 나는 아버지께 호적등본을 보여드렸다. 정식으로 아버지 손녀라는 것을 확인시켜 드리고 싶었다. 이에 아버지는 예쁘게 잘 키우라는 말씀을 하셨다. 아버지는 나중에 입양한 다혜를 이렇게, 매우 힘들게 받아들이셨다. 지금은 고인이 되셨지만 다른 손자 손녀들처럼 1인당 50만 원씩 장학금을 후원해주시고, 묘비에 손녀의 이름을 넣도록 허락하셨다.

나는 지금도 아버지의 묘비에 쓰여있는 다은이와 다혜의 이름을 보면서 아버지의 깊은 사랑을 느낀다. 아버지는 무뚝뚝한 세대라서 말씀은 안 하셨지만 자주 손녀들을 보고 싶어 하셨다.

대가족 중에는 남녀비율이 맞지 않은 집안이 있다. 우리 집안이 아들 부잣집인 반면 아내 집안은 딸 부잣집이었다. 아내 집안이 입양을 대체로 허락하는 분위기였던 것은 딸이 주는 소소한 기쁨을 알았기 때문이다. 우리 집도 딸이 없었던 터라 환영하는 분위기였다. 보통 예비 입양부부들의 걱정 중 하나는 친척들의 반대이다. 양가 부모님 중 한 분이라도 반대하면 집안 분위기는 바로 냉랭해진다. 하지만 '세월이 약'이란 말에 공감할 수밖에 없다. 세상에서 가장 예쁜 건 어린아이다. 나는 자녀와 손주 사랑이 다르다는 것을 아버지를 통해 배웠다.

입양 전에 우리 부부는 아들들에게 의견을 물었다. 찬성하는 분위기였지만 확실하게 해두려고 여러 가지 질문을 했다.

"은총아, 이제 곧 여동생이 생길 거다. 알겠지?"

"예쁜 여동생이 생기면 뭐 해줄 거야?

다은이의 입양을 앞두고 우리는 두 아들에게 미리 이야기를 해두었다. 아들들은 이미 다 커서인지 특별하게 의사 표시를 하지 않았지만 다은이를 처음 보고 예뻐했다. 다혜를 입양할 때도 마찬가지로 무척 사랑해주었다. 큰아들이 고1 때로 기억한다. 당시 용돈이 3만 원이었는데 매점에 가서 간식거리나 살 정도였다. 한 번은 가족끼리 동물원에 갔다. 그런데 어디서 봤는지 다혜가 뿡뿡이 인형을 사달라고 졸라댔다. 아내는 곧 싫증을 낼 게 분명하다면서 사주지 않았다. 이 모습을 본 큰아들이 용돈 3만 원을 털어 뿡뿡이 말고 더 예쁜 장난감을 사주었다. 알게 모르게 오빠들은 다은, 다혜에게 내리사랑을 주고 있다.

누군가 아들들에게 미안한 게 없는지를 물었다. 사실 왜 없겠는가? 가끔 '나의 이기적인 생각으로 아들들이 힘들지는 않았을까?' 하는 미안한 마음이 들 때도 있다. 그저 고마운 건 동생이 많다 보니 일찍 철이 들었다는 점이다. 어려운 여건 속에서 꿈을 찾고자 하는 모습이 대견하다. 딸들도 그런 오빠를 보고 자라서인지 또래보다 어른스럽다는 말을 듣는다.

　TV에 자주 나오는 모 스타강사는 가족을 '주식회사'라고 표현한다. 대주주는 부부인 셈이다. 과거 교육열이 높았을 때는 자녀 중심으로 돌아갔다. 형제 중 똑똑한 아이를 위해 모든 가족이 희생을 감수해야 했다. 그런데 지금은 부부 중심으로 돌아간다. 대주주인 부부가 행복해야 가족이 행복할 수 있다. 우리 가족 역시 행복하기 위해 입양을 선택했다. 아이들은 일찍 철이 들고 기꺼이 부모의 마음을 받아줘서 고마울 따름이다.

　한 지붕에 사는 구성원 중 한 명이라도 반대한다면 입양은 어렵다. 친척이라면 가끔 만나도 되지만 가족이라면 이야기가 달라진다. 한 명이라도 반대하면 서로에게 상처만 줄 수 있다. 구성원 중 반대하는 사람이 있다면 무조건 설득시키기보다 함께 영아원 봉사활동 또는 입양행사 등에 참여하는 것도 한 가지 방법이 될 수 있다. 입양에 대한 인식을 서서히 바꿀 수 있기 때문이다. 시간이 걸리더라도 구성원 모두가 찬성해야 입양가정을 꾸리기 수월하다.

'불행을 고치는 약은 희망밖에 없다.'

　입양에 대한 좋지 않은 인식이 있다. 반면 사회 곳곳에는 아직 희망이 있다. 2008년부터 국내입양이 해외입양을 앞지르고 있는 것이다. 그만큼 입양에 대한 인식이 좋아지고 있다는 의미이다. 이것이 희망인 셈이다. 인식이 바뀌고 있다는 희망으로 편견없는 사회를 기대해 본다.

다은, 다혜 이야기
내일이면 우리는 여섯 식구

다은이가 영아원에서 동생을 보고 왔다. 오래전부터 우리 가족이 되었으면 하고 소원했던, 예쁜 여자아이다. 예쁘고 사랑스러운 아이인데 아토피가 심했다. 우리 가족이 되기를 간절히 원했던 아이라서 그런지 어느 집에 입양되려다 아토피 때문에 포기했다는 말을 듣게 되었다. 아토피가 우리를 도운 셈이다. 나는 긍정의 힘을 믿고 있다.

다혜가 눈에 들어온 건 예쁜 아이가 벽지를 긁고 있는 모습을 본 후였다. 아이들이 많은 곳에서 얼마나 답답하고 힘들었으면 저럴까 생각했다. 역시나 아토피가 문제였다. 다은이는 동생을 보고 온 날부터 바쁘다. 마음도 바쁘고 몸도 바쁘다. 초산도 아닌데 왜 이렇게 바쁘고 중구난방인지….

먼저 아토피숍에 들러 어느 제품이 좋은지 비교 분석하고 출산 후 얼마 동안 하지 못할 대청소를 시작했다. 다은이 방에 있는 온갖 책과 장난감 등을 거실로 옮겼다. 아무래도 거실에서 생활하는 시간이 많을 것 같아서다. 다은이 방에 있는 옷과 수납장을 안방으로 옮겼다.

내일이면 우리 가족이 여섯 명이 된다. 아들 둘, 그리고 딸 둘. 생각만 해도 뿌듯하다. '여자 셋, 남자 셋이면 당연히 여자 끗발이 세지겠지?' 지금도 다은이와 엄마가 남자 셋을 이겨 먹지만 이번에는 뭔가 더 든든하고 뿌듯해진다. 준비물품을 거의 다 준비했다고 생각했는데 이불이 빠졌다. 집에 있는 이불 중에서 좀 나은 것으로 우선 골라 쓰고 천천히 준비해야겠다.

어젯밤 여태껏 느껴보지 못했던 즐거운 성탄 이브를 만끽했다. 이브행사 연습 때문에 다은이와 남편은 4시부터 교회에 갔고 나는 6시에 다혜를 등에 업고 교회에 갔다.

많은 사람들이 우리 다혜를 보며 예쁘고 귀엽다고 했다. 우리 둘째 딸 인기가 최고였다. 다은이는 앙증맞고 예쁜 요정의 모습으로 율동과 찬양을 하여 사람들의 시선을 집중시켰다. 엄마는 그저 좋았다. 예쁜 우리 다은이!

옆에서 어떤 집사님이 "집사님 딸이 제일 잘하네."라고 했다. 우리 딸이 역시 최고였다. 이모에게 크리스마스 선물로 받은, 신데렐라 인형 세트에 있는 왕관과 귀걸이를 하고 성탄예배를 드렸다. 다은이는 미스코리아 뺨칠 정도로 예쁘고 품위가 있었다. 집에 와서 나란히 잠을 자는데 괜히 눈물이 나려고 했다. 부족하고 천방지축인 나에게 이렇게 사랑스럽고 예쁜 두 딸내미를 맡겨주신 하나님께 감사해서다.

여태껏 살아온 날 중 가장 기쁜 크리스마스가 오늘이다. 최고로 값진 선물을 받은 이 엄마는 무지무지 감사하다. 은총, 의현, 다은, 다혜 모두 나에겐 최고의 선물이다.

타인의 시선을 신경 쓸 틈이 없다

자녀가 대학 졸업할 때까지 키우는데 3억1천만 원이 든다는 통계가 있다. 맞벌이를 하지 않으면 힘든 액수이다. 입양까지 했으니 남들은 내가 부자인 줄 안다. 그래서 종종 나에게 재테크를 묻는 친구도 있다. 아니면 꽤나 큰 유산을 받은 거로 생각한다. 하지만 나는 평범한 공무원일 뿐이다. 유리지갑 직장인보다 더 투명한 월급을 받는다. 매년 공무원 연봉 표를 전국에 공개하기 때문이다.

그럼 아이는 어떻게 교육하는지를 나에게 묻는다. 요즘

지자체에서는 음악레슨비와 학원비를 지원해주고 있다. 도시에 산다면 최소 몇십만 원 이상의 교육비를 들일 수밖에 없을 것이다. 하지만 우리 아이들은 선생님에게 1:1로 지도를 받고 있다. 아이들이 귀한 지역에 살다 보니 스쿨버스, 소수정예 같은 관리도 받는다. 옛날 농촌 식의 교육 인프라가 아니다. 대학생이 된다면 농어촌특별전형으로 국가장학금도 받을 수 있다. 관점을 바꾼다면 입양 후 교육비는 충분히 마련할 수 있다.

지천명(知天命)은 하늘의 뜻을 안다는 50세를 말한다. 친구들을 만나보면 대부분 사는 모습이 비슷하다. 사업하는 친구를 제외하면 직장에서 어느 정도의 위치에 있거나 정년이 얼마 남지 않은 상태이다. 조그마한 땅이라도 있는 친구는 귀농까지는 아니더라도 소일거리로 야채를 키우고 산다. 공통점이 있다면 대부분 '자연인'이 되어간다는 것이다. 전국 팔도로 등산을 다니거나 산에 있는 약초 이름을 알고 있거나, 유명 저수지에서 낚시를 하곤 한다.

친구들을 만나면 시간이 빨리 간다고 한탄한다. 이런 친구들에게 입양을 이야기하면, 그들은 조금은 후회된다고 말한다. 일찍 해야 했는데 지금은 체력도 안 되고, 경제적으로도 안 된다고 아쉬워한다. 아내의 주변도 비슷하다. 대부분 등산모임, 문화센터, 교양강좌를 쫓아 다닌다. 대학생이거나 대학까지 마친 자녀들로 취업이나 결혼 아니면 신경 쓸 게 없다.

반면 아내는 학교의 운영위원을 맡고 있다. 아마도 최고령 학부모 운영위원일 듯하다. 두 딸 덕분에 아직 지역사회에 '쓸모 있음'을 유지하고 있다. 40대 때는 두 아들을 키우느라 정신이 없었고 지금은 두 딸을 키우느라 바쁘다. 다행히 일일이 손 가는 아이가 아니라 다소 여유는 있지만 친구 중에는 제일 바쁘다. 아직도 키워야 할 딸들을 보면 건강을 체크하지 않을 수 없다.

돌아보면 정신없이 30년이란 시간을 보냈다. 입양을 결정할 수 있었던 것은 아내의 도움이 컸다. 막내 다혜까지 생각하면 앞으로 5년 이상 시간이 빠르게 갈 듯하다. 다은이는 벌써 고1이니 어디 가자고 해도 멈칫하곤 한다. 하지만 아직 함께 가고 싶어 하는 다혜가 있다. 친구들의 부러움을 사는 것은 당연하다.

우리 부부는 우리 아이와 다른 아이들을 위해 무엇을 할 수 있을까 생각하고 있다. 조금 더 값진 일을 하고 싶어서 입양을 홍보한다. 또한 학교에서의 부모 역할에 대해 도움을 주고자 한다. 두 딸을 키우며 생긴 일종의 사명감 같은 것이다. 사명이 있는 사람은 늙을 새도 없고, 아플 새도 없다.

'아이는 부모의 거울'이라는 말이 있다. 우리 아들, 딸이 하는 행동과 말은 우리에게 반사된다. 그래서 타인의 시선보다 우리 부부 모습에 더 신경을 쓰게 된다. '아이에게 어떤 어른으로 비칠까? 혹시 나의 잘못된 행동을 아이가 배우지 않을까?' 이런 시선이 걱정되어 입양을 꺼리고 있는 부모라면, 자신이 어떤 부모상(像)이 되어줄까를 먼저 생각하자.

시대를 따라가려는 나이든 부모의 변(辯)

다은이와 다혜가 크면서 교육에 관심을 갖게 될 때쯤이었다. 평일 낮, 프로젝트 관련 일로 카페에서 미팅이 있었는데, 관계자가 조금 늦어 10여 분 정도 혼자 기다려야 했다. 그때 옆 테이블에는 40대 초반으로 보이는 학부모들이 있었다.

"사거리에 있는 학원 영어 강사, 서울에서 인기가 좋았대."

어느 목소리 큰 학부모 때문에 우연히 대화를 듣게 되

었다. 평소 같으면 엄마들 수다로 생각했겠지만, 그날따라 관심이 갔다. 마음 한편에서 '부모가 저런 정보를 모르니 우리 아이들이 뒤처지는 것은 아닐까?' 하는 생각도 들었다. 나이 든 부모로서 시대에 맞는 정보에 발맞추어 나가기란 쉽지 않다는 것을 인정한다.

  회사와 교회의 젊은 부부들은 대부분 육아용품, 육아 관련 정보 등을 모두 스마트폰으로 해결한다. '맘스홀릭' 같은 정보 카페는 물론 공동구매로 물품을 값싸게 구매한다. 아빠들도 만만치 않은 정보와 행동력을 갖추고 있다. 모 후배의 경우 캠핑하기 좋은 곳을 파악해 주말이면 아이들과 놀러 다닌다. IT 기기를 잘 다루니 캠핑장에서 영화를 보거나 EBS 공부 영상을 틀어준다. 캠핑과 공부라는 두 마리 토끼를 잡는 것이다.

  사실 육아 정보라면 책이나 어른들 말씀이 전부이고 주말에는 잠자기 바빴던 우리 세대와는 차원이 다른 이야기다. 교육도 그러하다. 어떤 직업이 뜨리라는 것부터 시작하여 그에 맞는 교육과정이 있다. 또한 선생님에 대한 정보를 인터넷으로 찾기도 한다. 지방에 살다 보니 서울로 입시설명회를 가는 경우도 있다. 아이에 대한 교육열은 더 올라갔다.

나와 아내는 인터넷 세대가 아니다. 스마트폰은 있지만, 메신저나 인터넷 검색을 빼고는 자주 사용하지 않는 편이다. 아들들은 성적통지를 편지로 받았지만 지금은 학교생활정보서비스 나이스에서 모든 걸 볼 수 있다. 또한 예전에는 학교 선생님을 뵙기 위해 학교를 찾았지만 지금은 선생님이 나서서 단체 메신저 방을 만들어 부모님과의 대화를 시도한다. 아직 젊다고 생각하지만 격세지감이라는 말이 떠오른다.

우리 부부가 교육 정보, IT 기기 활용에서 불리한 것은 사실이다. 이 고민은 우리뿐만 아니라 나이 있는 모든 부부의 고민이기도 하다. 이 문제는 아내를 보면 해결책을 찾을 수 있다. 40대 엄마들과 잘 어울리는 아내는 '왕언니' 역할을 자청하여 맡는다. 정보 많은 세상이라고 하더라도 경험에서 우러나오는 지혜를 무시할 수 없다. 특히 엄마들은 그 경험의 가치에 대해 잘 알고 있다. 아내 친구 중에 결혼을 일찍 한 친구는 벌써 할머니가 된 친구도 있다. 아내는 아이 키운 일, 아이들의 사춘기, 시댁과의 갈등 등에 대해 경험을 풀어놓는다. 왕언니 역할에서 중요한 것은 '먼저 다가가기'다. 인사도 먼저 하고, 맛있는 것을 만들 때 조금 더해서 나눠주면 된다.

하지만 아무리 잘못된 행동이라도 훈계하려고 든다면 안 된다. 자칫 잔소리꾼 어른이 되어 주변과 사이가 멀어질 수 있다. 진지하게 들어주고 조언을 원할 때만 해주면 된다. 대신에 젊은 부부가 제공해주는 정보나 도움을 받을 수 있다. 정보검색이나 IT 기기 활용은 아들들의 도움을 받기도 한다.

나이 있는 부부가 정보에서 불리한 것은 사실이다. 하지만 교육은 최신 정보가 전부는 아니다. 아이는 어느 정도 성장하면 스스로 정보를 찾을 수 있다. 정보 관련 인프라가 잘 갖춰져 있기 때문이다. 부모가 해야 할 일은 아이의 마음을 잘 관리해주는 일이다. 부모의 나이를 떠나 그것은 모든 부모의 역할이라고 본다. 아무리 최신 정보와 좋은 선생님이 곁에 있더라도 아이의 마음 관리가 안 된다면 소용없다.

유대인은 글자를 교육하기 이전에 글자 모양의 빵을 굽는다. 그리고 거기에 꿀을 듬뿍 발라 아이에게 먹인다. 달콤한 꿀을 먹는 아이에게 "앞으로 배울 글은 꿀처럼 달다."고 이야기를 한다. 공부의 좋은 기억을 심어주는 것이다. 교육을 걱정하는 부모 역할의 기본은 배움이 즐거움이라는 것을 알려주는 일이다. 우리 부부가 잘 한다고 생각하지 않지만 최신 정보가 부족해 입양을 걱정하는 부부가 있다면, 걱정 대신 본질적인 것에 관심을 두자는 말을 하고 싶다. 제대로 동기부여가 된 아이는 언젠가 스스로 공부한다. 100세 시대에 인생은 길고 멀리 봐야 한다.

교육 트렌드는 빨리 변한다. 이럴 때일수록 아이가 제대로 사랑받고 있는지, 공부 이전에 공부를 왜 해야 하는지, 자신을 믿는지, 자신을 사랑하고 있는지를 살피자. 이것이 교육의 시작이다. 교육인프라와 정보인프라는 많다. 더 중요한 것은 얼마나 더 건전한 사회인으로 자라게 할 수 있을지를 돕는 일일 것이다.

입양은
저출산의 대안이 아닙니다

　1950년 6·25전쟁으로 부모를 잃은 많은 아이들은 홀트 복지재단 등에서 해외입양을 시켰다. 가난한 나라의 어쩔 수 없는 선택이었다. 입양 1세대들 중 몇 명은 걸출한 인물이 되어 한국을 알리는 역할을 하기도 했다. 더불어 국내에 들어와 입양 홍보 역할을 적극적으로 하고 있다. 90년대까지 해외입양은 꾸준히 진행되었고, 2008년 이전까지는 국내입양보다 해외입양이 더 많다.

　2016년까지 해외입양아 수는 166,512명이다. 해외입양과 국내입양 비율로 보면 국내입양은 32.2%, 해외입양은 67.8%로 나온다. 2008년 이후 국내입양이 많아지면서 비율이 점차 줄어들고 있다. 입양특례법에는 국내입양 우선 추진을 강조하고 있다. 이렇듯 법에 명시되어 있다.

'국가 및 지방자치단체는 입양의뢰 된 아동의 양친(養親)될 사람을 국내에서 찾기 위한 시책을 최우선으로 시행하여야 한다.'

과거에는 국내입양이 적고 해외입양이 많았다. 대한민국은 '고아 수출국'이란 오명이 있다. 혈연을 생각하는 뿌리 깊은 문화가 한몫한 것이다. 국내입양이 과거보다 늘어나고 있지만 아직 우리 사회는 입양에 대한 인식이 눈에 띄게 좋아진 것은 아니다. 알게 모르게 편견을 느낄 수 있다. 그런 이유로 공개입양을 꺼리고 비밀입양을 하게 된다. 비밀입양도 법 테두리의 보호를 받으면 좋을 텐데 음성적인 비밀입양이 공공연하게 진행되고 있다.

고아수출국이란 오명은 싫어하면서 국내입양아를 바라보는 편견이 있다면 모순일 듯하다. 우리의 삶에는 미혼모 또는 실직 등으로 아이를 키우지 못하는 상황이 있을 수 있다. 하루빨리 모든 입양아가 국내입양아가 되길 소망한다.

입양과 저출산에 관한 뉴스 기사를 본 적이 있다. 저출산이 심각한 상태에서 해외입양을 보내고 있는 문제점을 지적했다. 이 기사를 보고 놀라웠다. 입양을 저출산에 대한 대책으로 보는 시선 때문이다. 저출산은 사회적인 현상이다. 취업이 어렵고, 결혼은 늦어지고, 주택 구매가 힘들어 아이를 안 낳는 사회적인 현상이다. 나 역시 공직자로서 2300년에 인구소멸로 대한민국이 없어진다는 기사를 본 적이 있다.

저출산은 반드시 해결해야 할 국가적인 숙제이긴 하지만 입양과 저출산은 다른 차원의 문제이다. 입양은 정책관점보다 인간이 가진 보편적인 사랑으로 봐야 한다. 입양은 가족 사랑을 느끼게 하는, 인간보편성 회복이라는 관점에서 접근해야 한다. 저출산과는 다른 관점인 것이다. 아이는 양육시설에서 잘 자란다고 한들 사랑 많은 가정에서 자라는 것에 비하면 세심함이 부족하다. 정책과 정부는 이 가교역할을 해줘야 한다.

입양의 기쁨을 알기 때문에 나는 더욱 입양 관련 일에 적극적일 수밖에 없다. 많은 입양담당자를 만날 때면 그들이 현장에서 일하는 모습에 감동을 받곤 한다. 정책결정자들에게 조금 더 많은 관심과 지원이 있어야 한다. 아쉽다는 생각이 드는 것은 비단 나뿐만은 아닐 것이다. 입양담당자들은 재원 부족과 시스템적인 한계로 힘들어하고 있다. 그래서 입양담당자들이 좀 더 나은 여건에서 일하길 바랄 뿐이다. 입양에 대한 정책과 지원 역시 마찬가지다.

난임 부부는 무한정 치료받을 수 없다. 입양으로 눈을 돌리면 어떨까. 정부나 지자체는 난임으로 힘들어하는 부부들에게 뭔가 혜택을 줄 수 있다. 그것이 아이를 기다리는 부모들에게 희망을 주는 일이고 새로운 부모를 기다리는 수많은 입양아들에게 실질적으로 도움을 주는 일이다. 생명을 돌보는 일에 경제적인 잣대를 들이댈 수는 없지만,

모든 정책에는 비용이 든다. 만약 비용을 들인다면 입양정책에 쓰길 바란다.

  입양 활성화에 투자한다면 아픔 없는 상황으로 선순환 구조가 될 것이다. 아이들이 가족의 소중함을 알아가는 날이 오기를, 하루빨리 100% 국내입양이 되길 바라는 입장이다. 이런 일들은 입양가족이나 관련 기관 직원들만 해서는 안 된다. 그들은 너무 소수이기 때문이다. 우리 사회 구성원 모두가 함께해야 완성될 일이다.

다은, 다혜 이야기
맘은 헉헉 힘들다

전쟁이 시작되었다. 쉴 새 없이 일 저지르고 뒤집어엎고 부지런 떠는 막내딸 덕분에 요즘 눈코 뜰 새 없다. 먹을 것만 보면 난리가 난다. 나이 먹은 엄마는 몇 배로 정신없다. 치워도 어질러져 있으니, 헉헉 힘들다. 마구 어질러 놓고 부수고 엎어놓고 먹고 싸고 먹고 싸고. 에구에구, 하루에 똥을 세 번씩 싼다. 차라리 업고 있는 게 편하다. 업고 설거지를 하는데 엄마 등에 업혀 프라이팬 자루를 잡고 난리 친다.

막내딸이 얼마나 재빠르고 부지런한지 나이 먹은 엄마는 헉헉 힘들다. 그래도 잘 먹고 잘 자고 잘 싸고 찡찡대지 않고 놀아주니 그것을 위안으로 삼는다. 낮에는 낮잠도 한 시간 이상 자주니 엄마는 그 시간이 자유다. 어제는 방송 촬영이 온종일 있었다. 엄청 피곤했다. 감기몸살약을 먹고 잠들어 아침에 남편 식사도 몰라라 하고 자 버렸다. 그런데도 딸들이 일어나니 엄마 몸은 저절로 일어나게 된다. 열 시에 구역 예배를 드리러 갔는데 우리 식구만 제시간에 도착했다. 딸내미들 잠잘 때 엄마도 낮잠을 즐겨볼까?

어디를 가나 전쟁터다. 집에서는 그런대로 얌전한데 사람 많은 곳에만 가면 난리다. 두 딸의 개성 넘치는 성격 때문에 오늘도 식당에서 한바탕 전쟁을 치렀다. 6일 동안 아픈 엄마를 위해 다은이랑 다혜를 돌보아준 고모네 가족을 초청했다. 식당에서 우아하게 저녁 먹으려는데 두 딸 때문에 우아는 고사하고 아빠는 밥도 못 먹고 식당을 나와 버렸다.

다은이는 계속 아빠에게 화장실 가자고 졸라대 밥 먹다

말고 화장실을 간다. 그러다가 차에서 무얼 꺼내달라며 몇 번이고 주차장을 왔다 갔다 한다. 밥상은 완전히 전쟁터가 되었다. 다은이는 계속 떼를 쓰며 아빠의 신경을 자극했다. 다혜는 밥상에서 마구 가져다 먹고 국물을 고모 옷에다 엎지르고 급기야 남의 밥상까지 가서 얼쩡거렸다. 오늘따라 두 딸로 인해 아빠는 죽을 맛이다.

  그러면서도 그 뜻을 다 받아주는 남편에게 나는 미안하고 황송할 뿐이다. 딸들은 이모 집에서 2일 그리고 고모 집에서 6일 떨어져 지낸 보상을 받으려는지 계속 아빠 등에 업혀 갖은 어린 양으로 징징거린다. 겨우 달래 두 딸을 재워놓고 옆에서 눈 좀 붙이려니 다혜의 기침소리가 난다. 엄마 아빠의 가슴을 파고들어 잠 못 이루게 만든다.

  '아! 내 나약한 육신 때문에 여러 사람을 잡는구나.'

chapter 2
가족이라는 이름으로
산다는 것

부부, 충분한 대화와 협의가 우선

두 딸이 한창 자랄 때 직원들과 육아를 나누곤 했다. 그럴 때 꼭 듣게 되는 질문이 한 가지 있었다.

"사모님은 그렇게 고생하시는데 과장님은 무엇을 도와주셨어요?"

"아빠는 아빠의 존재가 있잖아, 생활하는 데 꼭 필요한 돈을 벌어다 주었지."

"아이고 과장님, 사모님 마음이 넓으니깐 잘해드리세요."

"내가 여기서 또 혼나네."

나름대로 최선을 다한다고 했지만 표현이 서툰 아버지 밑에서 자란지라 나 역시 표현에 익숙하지 않다. 아내에게 고맙다는 말을 하기는 쉽지 않다. 처음에 입양을 하고 싶었던 건 나였다. 사람이 북적거리는 대가족에서 자랐고, 남자 형제가 많았다. 사춘기 시절에는 여동생이 있는 친구들이 부러웠다. 반면 아내는 여자 형제가 많아서인지 결혼한 후, 두 아들 키우는 데 만족했다.

하지만 나는 왠지 모르게 딸에 대해 동경이 있었다. 가끔 회사에서 야유회나 등산회가 있으면 딸을 데리고 온 직원이 있었는데 내심 부러웠다. 그렇다고 아들들이 사고를 치거나 부족한 점이 있었던 건 아니다. 아들들 역시 든든했다. 아들만 있는 집안의 딸에 관한 환상이라고 할까. 그리고 무엇보다 봉사활동을 할 때 보호시설에 있었던 아이들이 눈에 훤했다. 아무리 시설이 좋다고 하더라도 부모 보호보다 못할 것이다. 나는 그 아이들에게 신이 주신 의무감과 인간으로서 느끼는 연민이 컸다.

나는 아내에게 셋째를 낳는 게 어떤지를 물었던 적이 있었다. 하지만 우선 임신했을 때 딸이 아니면 어떻게 하겠는가? 만약 셋째가 남자아이라고 하더라도 신의 선물이니 정성껏 키워야 할 것이다. 그래도 딸을 원하는 마음은 사라지지 않을 터, 셋째가 임신된다고 하더라도 가장 걱정되는 것은 노산이었다. 아내는 자기관리를 잘했지만, 나이에는 어쩔 수 없었다.

'입양'이라는 말을 처음 했을 때 아내는 반대했다. 다시 넌지시 꺼냈지만 돌아온 대답은 마찬가지였다. 아내 동의가 반드시 필요해 인내를 가지고 꾸준히 이야기를 했다. 잊을 만하면 입양의사를 묻곤 했다. 두 아들이 크면서 자기 몫을 해주니 어느 정도 여유가 생겼고 아내도 종종 영아원에서 봉사활동을 했기 때문이다. 그러던 어느 날 아내가 입양을 하자고 먼저 말해왔다. 처음 입양 이야기를 꺼낸 지 7년이 넘은 시점이었다.

아내를 설득하는 데 7년이나 걸렸다고 하면 듣는 사람들은 혀를 내두를 것이다. 매일 말하는 것도 아니고 잊을 만하면 꺼냈다. 아내의 반대는 당연했기에 상처를 받지 않았던 듯하다. 시간이 오래 걸리더라도 입양은 대화와 협의를 통해서 해야 좋다고 생각했기 때문이다. 무한한 가능성 있는 생명을 키우는 일은 쉽지 않다. 힘들더라도 꼭 대화와 협의를 해야 한다. 아내나 남편 둘 중 한 명만 좋다고 하여 입양은 이루어지지 않는다. 처음부터 부부가 함께 공감해야 아이들에게 제대로 된 사랑을 줄 수 있다.

종종 입양을 먼저 하게 되면 좋아질 거라고 믿는 사람들이 있다. 하지만 모든 아이는 생존 관점에서 눈치가 빠르고 이기적이다. 누군가 자신에게 냉담한 감정을 보낸다는 걸 본능적으로 안다. 무섭게 경계할 것이다. 또한 아이에게 원초적인 상처를 줄 수 있다. 처음부터 조건없는 사랑을 주는, 충분한 협의가 필요하다. 어떤 방법이 있을까.

첫째는 일방적인 요구는 무조건 피한다. 이것은 대화를 하는 기본적인 자세이다. 일방적인 요구는 입양 자체에 부정적인 시선만 더해줄 뿐이다. 아내가 싫은 눈치를 보이면, 더 이야기하지 않아야 한다. 입양의사가 있음을 피력하는 것만으로도 충분하다. 만약 "내가 돈 더 벌면 되잖아.", "내가 키우면 되잖아." 같은 표현은 입양도 하기 전 서로에게 상처를 줄 수 있다.

둘째는 중재인을 둔다. 입양에 대해 정보가 많아도, 입양한 부부만큼 현실을 잘 아는 사람은 드물다. 입양부부를 만나 그들의 이야기를 들어보자. 시행착오를 줄일 수 있다. 장점만 말하지 않을 것이다. 객관적인 상황에 대한 파악이 가능하다.

셋째는 육아 분담을 하는 실천적인 태도를 보인다. 전통적인 아버지 모습으로 입양을 이야기하면 힘들다. 아버지로서 해줄 수 있는 육아와 그것을 배우는 모습을 보여야 한다. 아빠 육아교실, 육아 관련 책 읽기 같은 것이다. 말만 앞세우지 않고 실천하는 아빠의 모습 말이다. 그것은 엄마도 마찬가지다. 육아 관련 교육 또는 독서를 통해 의지를 피력할 필요가 있다.

입양을 통해 부부관계가 좋아졌다는 말을 듣곤 한다. 아이를 키우다 보면 대화하기 싫어도 대화를 해야만 한다. 입양은 입양 전부터 부부를 대화의 장으로 끌고 나온다. 입양이라는 단어 자체가 부부에게 꾸준한 대화를 지속하게 만든다.

친척에게 어떻게 이야기할까

 가족이란 이름에는 친척들도 포함된다. 과거보다 친척 관계가 약해졌다고 하지만, 아직 친척이라는 이름은 남아 있다. 가족과 친척은 어려운 일이 생길 때마다 도와줄 수 있으니 힘이 된다. 모두가 모른 척할 때 손 내밀 수 있는 건 친척이나 가족일 것이다. 그러니 입양할 때도 친척과의 관계를 빼놓을 수 없다.
 이런 면에서 나는 운이 좋다. 옛날 시대를 사신 아버지의 반대만 빼고 대부분 입양에 찬성을 표현했다. 물론 지원도 아끼지 않았다. 아내는 두 딸을 새 가족으로 받아들인 후에 언니들에게 입양을 추천하기도 했다. 아들만 있는 집안에는 딸을, 딸만 있는 집안에 아들을 추천했다. 다들 관심을 보였지만 막상 실천까지는 하지 못했다. 여러 가지 사정이 있었을 듯하다. 지금은 친척들이나 주변 사람들 모두 우리 집을 부러워한다. 특히 명절에 그것을 알 수 있다. 아들들은 듬직한 맛이 있는 대신 딸들은 부모를 챙기려 든다.

가족들은 다은이를 입양할 때는 첫 딸이라 인정했다. 하지만 다혜를 입양할 때는 우려하는 목소리도 있었다. 특히 아내의 언니들이 걱정을 했다.

"아이만 키우다 네 인생은 언제 찾을래?"

"김 서방은 왜 그러니? 너 고생시키려고…"

언니들의 마음도 충분히 이해할 수 있었다. 아들 둘 다 키웠고 딸이 너무 간절했으니 한 명은 입양해 키울 수 있지만, 두 번째 입양은 이해되지 않는다는 것이다. 만약 그때 일일이 친척들을 설득시켰더라면 긴 세월이 흘렀을 것이다. 하지만 우리 부부는 시설에서 아토피 때문에 힘들어하는 다혜를 생각하면 서두르지 않을 수 없었다. 무리를 하더라도 강행할 이유가 있었던 것이다.

치매를 앓는 어머니에게 다은이를 데리고 갔을 때 어머니는 나에게 "언제 딸을 낳았지?"라고 물었다. 내가 주춤하자 아내는 웃으며 "어머니, 내가 낳은 딸이잖아요."라고 했다. 어머니가 고개를 갸우뚱거리자 온 가족이 웃음꽃을 피웠다.

입양할 때 친척이 모두 동의하면 좋은 이유는 친척도 아이에게는 가족이 되기 때문이다. 교육적인 측면에서 중요하다. 아이는 가족들 속에서 자신의 정체성을 키울 수 있다. 문제는 반대가 너무 완고할 때다. 우선 양가 부모님이나 친척 중에 강력하게 반대하는 사람이 있다 해도 원망을 하지 말자. 사람마다 관점과 생각이 다르기 때문이다. 가치 기준이 다를 뿐이다.

반대가 심하면 처음에는 입양의사 정도만 이야기하는 게 좋다. 그러다 서서히 설득하면 된다. 설득이 어렵다고 극단적인 방법을 쓰는 가족이 더러 있다. 입양을 먼저 하는 것이다. 행복하게 사는 모습을 보이면 반대했던 사람들도 차츰 수긍할 수밖에 없다. 더 단단한 마음으로 아이를 키우기 때문이다. 행복하게 사는 모습으로 이해를 구하면 된다. 처음에는 반대할 수 있어도 입양하고 나면 나중에 더 좋아하는 경우도 물론 많다.

입양홍보회 모임에서 만난 어느 입양가족 아버지의 말이 생각난다.

"100%라고 자부할 수 있습니다. 입양에 반대했던 사람들도 입양 후 모습을 보면 좋아하게 됩니다. 예쁜 아이를 싫어할 사람이 있을까요?"

명절 때 온 식구가 모이는데 중학생, 고등학생은 다은이, 다혜뿐이다. 친척들의 관심과 사랑을 독차지하고 있다. 또한 다은이, 다혜는 조카들의 아이들을 좋아한다. 그 속에서 가족들과 대화의 꽃을 피운다. 어르신들은 그 모습을 보고 행복해한다. **모든 아이는 그 자체가 웃음이고 행복이며, 사랑이다.**

다은, 다혜 이야기
안 돼요! 내 동생이에요

　다은이가 어린이집에서 오자마자 친구 집에서 놀다 온다고 하며 나갔다. 내키지 않았지만 내버려 두었다. 계속 우는 소리를 하며 졸라대면 심란해질까 봐서였다. 다은이는 밖에만 나가면 사람들에게 "나 입양했어요. 우리 엄마가 나를 가슴으로 낳았어요." 하며 우리 가족사를 미주알고주알 이야기한다. 그러면 어린이집 선생님에게서 문의가 들어온다. 부담스럽고 싫지만 아이 입을 막을 수도 없고 답답하다.
　다은이는 입양의 의미를 완전히 모르니, 사람들이 관심

과 호기심으로 이것저것 물으면 답하는 걸 좋아한다. 시간이 흘러 놀러 간다는 아이가 울면서 집에 왔다. 이유를 물으니 친구와 엄마가 집에 분명히 있는데 아무리 불러도 문을 안 열어준다는 것이다. 올 것이 왔다. 모두들 처음에는 다은이의 애교와 말 잘하는 것에 놀라 오라고 하지만 다은이가 몇 번 가면 다들 질려 한다. 다은이의 말 때문이다. 그래도 이번에는 너무 빠르다. 나는 다은이가 상처 입을까 봐 이렇게 말했다.

"다은아! 사람은 누구나 쉬고 싶을 때가 있는 거야. 엄마도 피곤할 때나 쉬고 싶을 때 다은이가 친구들 데리고 오는 거 반갑지 않을 때가 있어. 그리고 다혜 재워야 하는데 친구들이 오면 다혜가 안 자니 엄마가 힘들어져. 아마 친구 엄마도 쉬어야 하거나 아니면 동생이 자야 하니 그럴 거야."

이렇게 설명했더니 다은이는 금방 눈물을 닦고 얼굴이 밝아진다. 너무 측은한 생각이 들어 나는 두 딸의 손을 잡고 건지산에 올랐다. 갈 때는 우리 집 뒤로 오르고 내려올 때는 대학병원쪽으로 왔다. 아이들이 정말 좋아했다. 다혜가 딴청 부리고 해찰하는 통에 안고 오느라 힘들어 땀을 줄줄 흘렸다. 가끔 산들바람이 앞으로 불어줘서 좋았다. 대학병원 매점에서 아이스크림과 버터크림빵을 사 먹으며 집으로 오는데 어떤 아주머니가 다혜를 예뻐하니 다혜가 금방 안긴다.

아주머니께서 "붙임성 좋네, 우리 집에 갈까?" 하니 다은이 정색을 하며 "안 돼요! 내 동생이에요. 나는 우리 다혜 없으면 못 살아요." 하는 바람에 얼마나 웃었는지 모른다. 친구가 문 안 열어 준 실망감과 불안감이 순식간에 사라졌다. 그 대사는 날마다 내가 저한테 써먹는 말인데 다은이가 다른 사람에게 했다

조금만 잘해주는 사람이 있으면 다은이가 그 사람을 따라간다는 바람에 "엄마는 다은이 없으면 못 살아. 다은이 없으면 너무 슬퍼요. 잠도 못 자고 밥도 못 먹고 울 거야, 다은이 보고 싶어서…"라고 했던 그 말을 그대로 따라 한다. 저녁을 먹고 노는데 어느새 다혜 손에는 가위가 쥐어져 있었다. 순간 다은이 머리가 조금 잘렸다. "이그, 가시나! 내가 미쳐~"하는 엄마의 큰소리에 다혜는 오빠 방으로 재빠르게 도망친다. 그렇게 짧은 하루가 흘러갔다.

또 한 번 주어진 소중한 기회

직원의 아이 돌잔치가 있어 참석을 했다. 전문 돌잔치 뷔페에는 반짝이 옷을 입은 돌잡이 전문 MC가 있다. 화려한 영상과 함께 예전과는 사뭇 다른 분위기다. 변화된 돌잔치 문화에 나는 눈이 휘둥그레졌다. 아빠와 아이가 셀카 찍은 걸 보고 같이 간 또래 동료는 아쉬워했다. 예전에는 사진 한 장 남기려면 복잡했는데, 지금은 핸드폰 카메라로 예쁜 모습을 마음껏 찍을 수 있다는 것에. 자신은 아이들과 언제 사진을 찍었는지 기억조차 없다는 것이다.

그 친구도 아들만 둘이다. 조금 미안했지만, 나는 속으로 웃었다. 지금 당장이라도 다은이와 셀카를 찍고, 카카오톡 프로필 사진을 올릴 수 있기 때문이다. 두 딸은 나에게 다시 셀카 찍을 기회를 준 셈이다. 모든 부모에게 '아이'는 경험을 선물한다. 아이는 훨씬 성숙한 인간으로 부모를 변화시킨다.

'아이를 낳아 키우는 건 우리가 조금 더 나은 인간이 될 기회인 듯하다. 우리가 자동으로 훌륭해진다는 게 아니라 그럴 기회를 얻는다는 뜻이다. 절대적으로 강자인 내가 철저히 약자인 누군가에게 가슴 깊이 우러나는 존중감으로 최선의 배려를 하는 것, 자식이 아니면 내가 누구를 상대로 이런 사랑을 해보겠는가.'

라디오PD 장수연의 에세이 《처음부터 엄마는 아니었어》에는 이런 말이 나온다. 아이란 부모에게 이런 존재다. 아이는 부모를 더 나은, 더 성숙한 인간으로 만들어준다.

첫째 아이가 태어났을 때는 사회적인 분위기가 아빠는 회사, 엄마는 집안일로 구분이 확실했다. 나는 아빠로서 무엇을 어떻게 해야 할지 알 수 없었다. 교회 목사님 조언에 따랐을 뿐이다. 그러다 둘째 아이가 태어났다. 둘째는 첫째보다 자연스러워졌지만 다른 아버지들처럼 살갑게 대해주지 못했다. 더욱이 아들들이라 강하게 키우고 싶어 엄하게 다룬 것도 사실이다. 딸 아이였다면 어떠했을까. 오랜 세월 동안 형성된 나의 양육 습관은, 마음 속으로만 아이들을 예뻐하는 아버지의 모습을 떠올리게 하는 것은 아닐까.

아이들은 생각보다 빨리 자란다. 아빠 손을 놓고 걸어다니고, 알아서 먹고 씻고 어느새 빠르게 성장한다. 아들들은 고학년이 되면서 스타크래프트 게임에 빠지기도 하고 목표를 세워 공부하기도 했다. 아들들을 가까이하고 싶을 때는 이미 장성한 남자가 되어 있었다. 내 손을 떠나도 되는 남자가 된 것이다. 지나간 세월만 무정할 뿐이다. 조금 더 예뻐하고, 조금 더 사랑을 베풀었어야 했는데 그러지 못해 미안할 따름이다.

아버지와 아들의 관계는 어린 시절이 중요하다는 것을 다시금 깨닫는다. 첫째는 처음이었고, 둘째는 우리 세대의 전형적인 아버지 모습으로 대했다. 두 아들에게 미안하다. 나중에 내 나이쯤 되면 아버지의 마음을 알까. 그런데 나에게 한 번의 기회가 생겼다. 이번에는 딸이었다. 그것은 아내에게도 마찬가지였다. 우리 부부는 귀한 생명을 잘 키우겠다고 기도하고 또 기도했다. 같은 사무실의 젊은 남자 직원을 관찰하며 육아에 대해 배우려고 노력했다. 일찍 퇴근하고 아이들의 숙제를 봐주기도 했다.

또한 주말에는 아이들과 함께 여기저기 놀러 다녔다. 처음에는 어색했지만 어느덧 함께 하는 시간이 자연스러워졌다. 딸들에게는 오빠들이 있으니 더 든든했다. 아내도 아들들과 다른 느낌으로 딸들을 키웠다. 한 번 더 생긴 기회에 감사해 하고 있다. 입양을 하지 않았다면 경험할 수 없는 일들이다. 입양부모 중에는 이미 아이가 장성한 부모들이 많다. 젊은 시절에 아이를 키울 때와 사뭇 다른 느낌이라고들 말한다. 더 진지한 마음으로 키우게 된다. 다시 한번 어른으로 성숙할 기회를 얻는 일인데 진지할 수밖에 없지 않은가.

지금은 두 딸과 함께 꿈에 대한 이야기를 많이 나눈다. 부모로서 딸들이 가치 있는 꿈을 꾸길 바라는 마음에서다. 나는 될수록 부담되지 않는 범위 내에서 말한다. 꿈을 강요할 수는 없는 노릇이다. 큰딸 다은이는 언어적 재능과 대인관계에 재능이 있다. 자신도 잘 알고 있다. 언어적 재능을 살려 한국을 알리는 일을 했으면 하는 것이 아빠로서의 바람이다. 만약 다은이가 다른 꿈이 있다고 하더라도 그것을 응원해주고 싶다.

둘째 딸 다혜는 차분하고 천사와 같다. 사람들을 잘 도와준다. 아프거나, 힘든 사람을 보면 안타까워한다. 사람들의 아픔을 치료해주는 사람이 되길 희망하지만 마찬가지로 자신의 꿈이 있다면 그것을 응원해주고 싶다. 젊은 시절이었더라면 아이들을 섬세하게 관찰하지 못했을 것이다. 세월이 지나 경험이 쌓이다 보니 보이는 것들이 있다. 입양은 하늘이 나에게 다시 부모 노릇하라고 준 기회다. 무한한 가능성을 가진 아이, 그것을 빚어내는 건 부모의 몫일 듯하다.

아이를 고유의 인격체로 본다는 것

입양아들이 짊어지고 가는 것이 하나 있다. 바로 교우관계다. 비밀입양은 모르겠지만, 공개입양에서 교우관계는 부모가 어떻게 해줄 수 없는 부분이기도 하다. 이 문제를 당당히 헤쳐 나가길 바랄 뿐이다. 다은이가 초등학교 때의 일이다.

어느 반 아이가 "입양아는 불쌍해요. 아빠를 아빠라 부르지도 못하잖아요."라고 했다. 그때 다은이가 자리에서 벌떡 일어났다. 당시 학교 친구들은 다은이가 입양아인 줄

잘 모르는 상황이었는데, 다은이는 "요즘이 홍길동 시대
니? 왜 아빠를 아빠라 못 불러? 난 입양됐지만, 우리 아빠,
엄마는 나를 사랑해. 네 말은 입양가족 모두를 모독하는
거야. 그 말 취소해."라고 당차게 말했다는 것이 아닌가.

선생님이나 친구들은 잠시 멈칫했다. 그러다 모두 다은
이의 말에 동의하게 되었다. 얼마 후 친구는 다은이에게
사과를 했고, 다은이는 반에서 리더가 되었다. 나는 이 이
야기를 듣고 안도의 한숨을 내쉬었다. 입양 사실을 당당하
게 생각한다는 것은 다은이의 고유 인격이 어느 정도 형
성되었다는 뜻이기도 하다. 고유한 인격이 형성되면 자기
주장이 생길 수밖에 없다.

모든 입양아가 입양 사실을 당당히 밝힐 필요는 없지만
주변의 말이나 행동에 상처받지 않고 당당했으면 좋겠다.
아이가 일정 나이가 지나 고유 인격체로 자라면 부모는
아이에게서 한발 뒤로 물러나 있어야 한다. 멀리서 응원하
고 지지하면 된다. 아이 삶에 구체적으로 개입하려 든다
면 도리어 상처를 받을 수 있다. 작은 것들은 혼자 해결할
수 있도록 지켜보면 된다.

TV에 엄마와 딸이 출연했다. 그런데 엄마의 지상과제는 딸을 재벌 4세와 결혼시키는 것이었다. 딸은 다양한 재주가 있었다. 고급 악기를 능숙하게 다루었고, 발레도 곧잘 했다. 거기에 교양도 풍부하여 꽤나 지적으로 보였다. 다재다능한 아이였지만 보는 내내 불편했던 건 따로 있었다. '딸이 정말 재벌 4세와 결혼하고 싶을까? 나중에 엄마를 원망하지 않을까?' 하는 것들이었다. 물론 자극적인 요소를 만드느라 방송에서 과장한 부분도 있었다.

전 국민이 보는 TV에 나올 정도니 엄마의 극성은 확실해 보였다. 그 엄마는 자신이 하지 못한 걸 딸을 통해 채우려는 '대리욕망'을 투사했다. 딸을 위한 일이라고 말했지만 분명한 건 언젠가 원망을 듣게 될 것이라는 점이다. 아내 역시 그 어린 딸을 걱정했다. 이처럼 알게 모르게 아이에게 자신의 욕심을 투영하는 부모들이 있다. 그러다 결국 아이와 갈등이 일어난다. 입양희망 부부 중 순수한 사랑이 아닌, 대리욕망을 투사하려는 부모도 있을 것이다.

나 역시 이 부분에서 크게 자유롭지 못하다. 아들만 있어 딸을 키우고 싶은 욕심이 있었기 때문이다. 다행히 두 딸을 키우면서 순수한 사랑으로 바뀌었다. 지금은 '조건 없는 사랑'이란 단어 이외는, 달리 마음을 표현할 방법이 없다.

"아이들이 다 대학 가고 나니, 우리끼리 적적하네요. 입양을 해볼까요?"

"임신이 안 되는 게 죄 같아요. 주변에서 말도 많고요. 차라리 입양하여 그런 말을 안 듣고 싶어요."

이런 마음이라면 반대를 하고 싶다. 아이는 고유한 인격체로서, 건전한 사회인으로 자랄 때까지 잠시 내 손으로 보호해주는 것뿐이다. 외로워서 또는 주변의 눈이 싫어서 입양을 한다는 것은 위험한 발상이다. 순수하게 사랑하지 못할 것이라면 다른 방법을 찾는 게 좋다. 아이는 아이 자체로 사랑하고 좋아해야 한다.

잊을 만하면 경악할 만한 가정폭력 사건이 터진다. 일부에선 부모교육을 의무적으로 해야 한다고도 말한다. 이 부분은 현재 종교계에서 맡아 하고 있다. 하지만 종교계에서도 한계가 있다. 무신론자는 어떻게 할 수 없다. 전문가

들은 내 아이를 '내 것'이라고 생각하는 소유론적인 태도가 문제라고 지적한다.

  내 아이는 내가 낳았고, 내가 먹이고 재우지만 단지 신의 명령에 따라 대신 키우고 있을 뿐이다. 종교가 없다고 하더라도 아이를 고유의 인격체로 봐야 한다. 그 누구도 함부로 할 수 없다. 그리고 모든 아이는 언젠가 부모를 떠난다. 그때까지 신의 선물로 잘 돌보는 것뿐이다.

똑같이 사랑하고,
똑같이 혼내라

교회에는 입양을 한 네 가족이 있다. 그 시작은 우리 부부가 했다. 입양에 대한 행복을 알기에 열심히 홍보를 했다. 그런데 감사하게도 네 가족은 적극적으로 들어줬고 입양을 실천했다. 가끔 혼자 이런 생각을 할 때가 있다. 한국 교회에서는 청년들과 아이들이 없다고 걱정한다. 반면 우리 교회는 주일마다 아이들로 북적인다. 그 모습을 보는 목사님, 교인들 모두 행복해한다.

'한국의 수많은 교회가 '1교회 1입양'을 하면 어떨까.'

단 여기에는 전제가 있다. 사랑, 그리고 또 사랑이 있어야 한다. 간증 때 했던 이야기가 있다. 그것은 입양가족 모두가 느끼고 있는 사실이다. 두 딸을 한창 키울 때 주일 예배가 있었다. 그날따라 유독 피곤했는지 비몽사몽 기도를 했다. 그런데 누군가 내 어깨를 치는 듯한 음성이 들렸다.

"나도 차별을 안 하는데, 네가 차별하려고 하느냐?"

순간 정신이 번쩍 들었다. 졸음은 완전히 날아갔고, 옆을 둘러보니 아내와 딸들이 기도를 하고 있었다. 나는 분명 아들, 딸 또는 큰딸, 작은딸 상관없이 예뻐하는데 왜 나한테 이런 메시지를 줄까, 예방 차원의 메시지가 아니었을까 생각해 본다. 지금도 그 음성을 잊지 못해 한 번씩 스스로를 돌아본다. 교회에서 간증시간에 이야기를 했더니 입양가족들도 비슷한 느낌을 받고 있다고 했다. 세상 모든 아이는 신의 선물인 듯하다.

"신도 사람이 죽어서야 죄인을 구분하는데, 사람이 사람을 구분하면 안 된다."

어느 성경학자의 말이다. 아들들은 배로 낳았고, 딸들은 가슴으로 낳았다. 어디 구분이 있겠는가. 똑같은 사랑을 베풀어야 한다. 잘못한 게 있다면 똑같이 혼내야 한다. 이것은 입양을 결정하고 나서 아내와 약속한 내용이기도 하다. 자녀를 키우는 부모들은 알 것이다. 엄마가 혼낼 때와 아빠가 혼낼 때가 다르다는 것을.

 공부는 잘할 수도 있고, 못할 수도 있다. 하지만 거짓말은 용서 못 한다. 다행히 아이들은 큰 거짓말을 하지 않고 자랐다. 한 번도 불같이 혼낸 적은 없지만 그것은 나만의 생각일 수 있다. 언젠가 딸들에게 물었다. 그런데 아이들은 아빠가 무서운 적이 몇 번 있었다고 했다.

 "그때 큰 소리쳐서 얼마나 놀랐고, 무서워했는지 몰라."
 "내 사정도 안 듣고 혼내서 혼자 울었잖아."
 나는 기억에 없지만 아이들은 상처를 받았다고 하니 미안한 생각이 든다. 아들들도 말은 안 하지만, 상처가 있을 듯하다. 아이들을 야단칠 때 왜 더 심사숙고하지 않았을까. 미숙한 아빠를 용서해 주길 바랄 뿐이다. 두 딸은 스마트폰 재미에 빠져 있다. 아이 키우는 모든 부모의 고민일 것이다. 스마트폰 때문에 딸들을 혼낼 때가 종종 있다. 이제 강압으로 할 수 있는 나이도 지났다.

최근에는 내 말투가 바뀌었다. "핸드폰 좀 꺼줄래?" 이러면 딸들은 귀찮다는 표정을 짓는다. 어떻게 하겠는가. 아들들에게 컴퓨터 게임 사용시간을 따로 정했듯, 딸들에게도 조만간 제한시간을 정하려고 한다. 알아서 절제하길 바랄 뿐이다. 입양가족들은 아이에게 줄 수 있는 차별에 대해 걱정을 한다. 무조건적인 사랑은 구분 없는 사랑일 것이다. 똑같이 사랑하고, 똑같이 잘해주고, 똑같이 혼내라. 차별에 대한 생각 자체를 없애는 것이 우선이다.

아이를 4명이나 키우다 보니 혼낼 때도 원칙이 필요하다고 느낀다. 그래야 아이들이 잘못된 습관이나 버릇을 바꿔나갈 수 있다. 다음과 같은 원칙을 적용해 보자.

첫 번째, 남이 보는 앞에서 혼내지 않는다. 어른도 마찬가지다. 수치심과 함께 불쾌감을 줄 수 있다. 아이와 단둘이 있는 곳에서 무엇을 잘못했는지, 왜 혼나야 하는지를 조목조목 알게 하라.

두 번째, 아이가 왜 그렇게 했는지 이유를 들어봐라. 마음 급한 부모는 즉각 지적을 한다. 하지만 논리는 부족해도 아이에게는 나름의 이유가 있을 수 있다. 아이에게 설명할 기회를 줘라.

세 번째, 일관성 있게 혼내라. 같은 잘못을 해도 부모 기분에 따라 용서하거나 더 혼낸다면 아이는 무엇이 잘못되었는지 알지 못한다. 혼내는 데도 일관성을 유지해야 한다.

네 번째, 앞으로 해야 할 행동에 대해 알려줘라. 혼내기만 하면 아이에게 상처가 남는다. 무엇을 어떻게 해야 할지 똑바로 가르치고 알려줘라.

다섯 번째, 절대로 감정에 휩싸이지 마라. 이 부분을 가장 경계하고 싶다. 아이가 큰 잘못을 해도 감정이 앞서면 아이는 바로 상처를 받는다. 감정을 누르고 상황을 객관적으로 바라보자.

부모가 아이를 혼내는 건 미워서가 아니다. 잘 되길 바라는 마음에서다. 문제는 전달 방법에 있다. 여기에 입양아라고 하여 상처받을까 봐 혼내지 않거나, 더 혼낸다면 상처를 줄 수 있다. 똑같이 사랑했으니 똑같이 혼내라. 대신 무엇을 잘못했는지 객관적이고 합리적으로 알게 하자.

다은, 다혜 이야기
모전여전(母傳女傳)

고생하시던 장모님이 하늘나라로 가셨습니다. 올해 85세, 적지 않은 연세입니다. 막내인 아내를 44세에 낳으셨지요. 어느 누구보다 제일 가슴 아파하는 아내를 옆에서 지켜보고 있습니다. 아무리 연세 많아도 부모님이 돌아가시면 서운한 것은 사실입니다.

장모님은 4살 된 아들(큰처남)이 있는 집으로 재가를 하셨습니다. 그런데 장인어른께서 전처의 호적 정리를 하지 않아 본의 아니게 남의 이름으로 사셨습니다. 진짜 이름은 정순덕, 호적상의 이름은 유순예. 참으로 어처구니없게 장모님은 가슴 아픈 일생을 사셨습니다. 그러면서도 혹 자식들에게 누가 될까 봐 호적 정리도 못 했습니다.

그러나 딸만 넷 낳은 장모님은, 죽을 때까지 배다른 아들만 찾았습니다. 딸들은 이런 어머니가 안타까웠지만 장모님의 마음속에는 아들이 최고였습니다. 아내가 입양하기까지는 남의 자식을 내 자식처럼 키워온 장모님의 마음이 은연중 배여 있었던 듯합니다. 입양을 해보니 이해가 된다는 아내의 말을 듣고 그 마음이 모전여전(母傳女傳) 아닐까 하는 생각이 들었습니다.

"육체로 낳은 자녀, 가슴으로 낳은 자녀 구별되지 않는구려. 그래서 낳은 정보다 기른 정이라 했던가요?"

이제 평생 자식을 위해 꼬부라진 채, 힘겹게 살아오던 장모님이 한 줌의 재가 되었습니다. 화장을 해놓고 보니 그 유골이 작은 한 항아리밖에 되지 않건만 우리네는 얼마나 자주 다투며 살아가는지…. 우리는 장모님을 화장하면서 많은 생각을 하게 되었습니다.

여러분! 그동안 여러 모습으로 찾아오시고 마음 써주시고 위로해주셔서 정말로 고맙습니다. 부디 살아계신 부모님께 잘 해드려야겠습니다. 처가든, 친가든 말입니다. 이것이 장모님을 보내놓고 뼈저리게 느끼는 점입니다.

가족을 하나로 만드는 아이덴티티

경제적인 어려움과 외로움으로 고독사하는 50대가 많다는 소식을 접하곤 한다. 이것이 GDP 경제순위 12위인 이 나라의 민낯이다. 더 큰 문제는 해결될 기미가 보이지 않는다는 점이다. 고독사는 여러 원인이 있지만, 불안한 경제 환경과 가족해체를 꼽을 수 있다. 십여 년 전부터 1인 가구 등장으로 결혼하지 않는 인구비율은 급속도로 높아지고 있다. 이혼율 증가 폭은 줄었지만 여전히 많은 가족이 이혼을 한다.

가족의 의미는 서로를 보호하는 단순한 것이 아니라 '원초적 사랑'과 같이 느낄 수 있는 부분이 있어야 한다. 현대에는 가족의 변화와 해체가 우려할 만한 수준이다. 개인주의도 필요하지만, 가족을 지키는 것도 중요하다. 가족이 화목하기 위해서는 건강, 경제력, 소통, 사회적 분위기, 종교 등이 필요하다.

아빠가 왕따를 당하는 것도 아이와의 소통 문제 때문이고, 부부가 헤어지는 것도 성격차이를 이해하지 못하는 소통의 문제 때문이다. 입양가정도 이 부분에서 자유롭지 못하다. 신생아일 때 입양해도 아이가 입양사춘기를 보내는 과정에서 소통이 안 되면 서로에게 상처로 남는다. 연장아도 그렇다. 충분한 교감이 없다면 아이가 부모를 받아들이기 힘들다. 연장아를 입양할 때 모든 아빠들의 공통된 고민이 그것이다.

"아이가 저를 싫어하면 어떻게 하지요?"

엄마도 마찬가지다. 무언가 부족해서 아이가 나를 싫어하면 어떻게 할까 걱정을 한다. 입양가족일수록 가족을 하나로 묶어주는 아이덴티티(identity)가 필요하다. 이 아이덴티티를 통해 공통된 목표를 함께 할 수 있다.

건강한 입양가정지원센터 소식지 <가족나무>에는 지민이의 가족이 소개된다. 부부는 연애 시절부터 여행과 사진을 함께 찍었다. 지민이를 입양하고 4살이 넘어가면서 가족은 각자 역할이 생겼다. 엄마는 육아와 여행 사진 찍기, 아빠는 사진 찍기, 지민이는 모델 되기이다. 아빠는 어느 순간부터 지민의 모든 것을 사진과 영상으로 담고 있다.

집, 어린이집, 놀이터, 여행지 등 일 년에 한번씩 영상과 앨범을 만든다. 사진을 찍다 보니 지민이가 모델을 자처하는 수준이 되었다. 아내, 아이와 함께 공통의 관심사를 가진 가족이다. 지민이 아빠는 함께 사진 찍는 것에 대해 이렇게 말한다.

"아빠인 나는 어린 시절을 기억할 사진이 별로 없다. 그래서 어쩌면 지민이 유년을 담고 싶었는지 모른다. 나중에 자신의 정체성을 알아가는 과정에서 엄마, 아빠와 함께한 행복했던 유년을 기억한다면 더 이상 무슨 바람이 있을까? … 사진 속엔 우리 세 가족의 희로애락이 녹아있다.

우리 가족은 앞으로도 서로를 사랑하고 지지하며 아름다운 동행을 할 것이다."

만약 아빠가 아빠들만 할 수 있는 취미, 예를 들어 축구에만 빠져 있었다면 어떠했을까. 가족끼리 소통하기 어려웠을 것이고 추억을 나누기도 쉽지 않았을 것이다. 혹시 입양을 희망하는 가족(특히 아빠) 중에 낚시, 마라톤 등 혼자 하는 취미가 있다면 일단 가족과 함께할 방법을 찾아라. 그것이 가족과 같은 아이덴티티로 소통하는 법이다.

우리 가족의 아이덴티티는 교회다. 우리 부부가 딸들에게 못한 말은 목사님이 대신 해주신다. 딸도 우리에게 못하는 말은 사모님이나 집사님들이 해준다. 사실 평일은 가족 모두 바쁘다. 그나마 주일 예배를 함께 드리기 때문에 모일 수 있다. 교회에서 주는 비전과 사명을 말하며 서로 소통한다.

또 다른 것이 있다면 작은 텃밭 가꾸기이다. 지금은 아이들이 커서 부부만의 텃밭이 되었다. 딸들이 어렸을 때 그곳에서 흙을 만지고, 작은 생명들에 대해 이야기를 나누었다. 가뭄에 슬퍼하고, 서리에 걱정을 보냈다. 텃밭 아이덴티티는 예쁘고 건강한 농작물을 함께 만드는 일이었다.

최근에는 딸들과 영화나 공연관람을 찾고 있다. 사는 곳에 작은 영화관이 생겼다. 딱 5,000원이다. 가격이 저렴하고 시설도 도시 못지않게 쾌적하다. 영화를 보고 난 후에 쇼핑을 하기도 한다. 다은이와 다혜가 음악활동을 하면서 자연스럽게 음악공연을 쫓아다니고 있다. 우리 부부는 공연을 보고 알게 모르게 음악적 지식을 쌓아가며 딸들과 대화를 나눈다.

아이들이 커갈수록 함께 하는 시간이 줄어드는 것은 사실이다. 그것 역시 부모와 자식 간의 당연한 일일 것이다. 그래서 이제는 좀 더 색다른 아이덴티티를 찾고 싶다. 아이들이 가치 있는 어른으로 성장할 수 있도록 말이다. 우리 가족은 그 아이덴티티에 대해 꾸준히 이야기할 것이다. 아이와 함께하는 공통의 시간, 그 속에서 가족의 의미를 느낄 수 있다. 아이는 정말 빨리 자란다. 그 소중한 시간을 놓치지 말길 바란다. 세월은 나를 위해 더디게 가지 않기에 함께할 '그 무엇'을 만들어야 한다.

문화 속에서
진정한 관심이란

나라의 '문화(文化)'는 하루아침에 만들어지는 게 아니다. 오랜 세월 동안 쌓아온 역사와 가치관 등이 복합된 산물이다. 세계에서 가족 중심, 혈연 중심의 문화가 뿌리 깊은 나라는 한국, 중국, 일본 등 동아시아 3국일 것이다. 3국은 유교를 중심으로 문화를 형성했다. 유교는 효(孝), 충(忠)을 강조하며 직계가족이 대를 잇는 걸 매우 중요하게 생각한다.

일부 역사학자는 이것을 왕권의 정통성을 유지해서 통

치를 원활하게 하기 위한 수단이라고 평가한다. 이 정통성이 가문과 씨족으로 연결되고, 조선 시대에 목숨보다 중요한 족보문화의 탄생배경이 되었다. 중국에서 받아온 유교는 조선에서 더욱 번성하여 퇴계 이황 등 대단한 학자들을 배출하였다. 효와 충을 강조한 지도층은 유교를 통치수단, 즉 국론을 통일시키는 문화와 가치관으로 만든 것이다.

이런 우리나라의 특수성 중 하나는 전쟁이다. 한반도는 해양세력과 대륙세력의 충돌지점에 있다 보니 900여 차례 이상 침략을 받았다. 전쟁 때는 남을 돌볼 여유가 없다. 내 가족밖에 챙기지 못한다. 한반도에 전쟁이 없고 평화로웠던 시기는 휴전된 60년 남짓이라, 아직 내 가족만 챙겨야 하는 문화에서 쉽게 벗어나지 못하고 있다.

'뿌리 깊은 유교 문화의 깊은 곳에 '입양'문제가 있다.'

과거에 해외입양은 선택이 아니라 어쩔 수 없는 고육지책이었다. 가난으로 인해 아이를 키울 수 없었기 때문이다. 하지만 지금은 경제 환경이 바뀌어 교육여건의 차이만 있을 뿐 경제적 형편상 아이를 못 키우겠다는 사람은 드물다. 다행히 20·30 젊은 세대의 입양에 대한 인식은 향상되고 있다.

여성가족부가 2016년 5,018가구를 조사한 통계에 따르면 과거 2010년 입양수용 점수도가 2.6점이었다면 2016년에는 2.9점으로 증가했다. 특히 20·30세대의 입양수용 점수도가 높았다. 일반가족 구성을 제외하고 동거, 국제결혼, 입양 중 입양을 34.6%가 수용했고, 30대는 28.3%가 수용 점수를 매겼다.

입양 인식이 개선된 상황에서 한국계 해외입양인 장 뱅상 플라세 씨가 프랑스 국가개혁 장관에 임명된 사실이 보도되었다. 자랑스러운 일이다. 과거 같지 않지만, 프랑스는 아직 '톨레랑스' 정신이 살아있는 듯하다. 장 뱅상 플라세 씨의 피나는 노력도 있었을 것이다. 그런 보도 속에서 입양의 현실을 꼬집는 목소리도 나왔다.

"한국은 성공스토리에만 관심 있다."라는 말이다. 해외입양아 모두 좋은 나라에 가서 훌륭한 부모를 만나는 건 아니다. 무국적으로 살아가거나, 빈민으로 전락하기도 한다. 꼭 성공한 사람이 나타나야만 관심을 준다는 쓴소리다. 과거 해외입양은 체계적인 행정력이 부족했다. 지금은 좋아지고 있다지만, 근본적인 해결책을 찾는 게 우선이다. 바로 국내입양 활성화이다.

입양특례법에도 명문화되었듯 100% 국내입양을 추진하는 것이다. 그러기 위해서 연장아 입양, 장애아 입양 인식에 대한 개선이 필요하다. 다행인 건 20·30세대의 입양 인식이 좋아지고 있다는 점이다. 입양을 희망하거나 꿈꾸고 있다면, 사회 곳곳에 입양가족이 있다는 것만으로 입양 인식 개선에 도움이 된다. 입양에 대한 진정한 관심이 국내입양 활성화이다. 문화는 하루아침에 바뀌지 않는다. 유장한 마음으로 변화시켜야 한다.

힘겨워도 다시 한번
사랑을 새긴다

'연봉 3,745만 원'

우리 가족 중 이렇게 큰돈을 버는 사람이 있다. 바로 아내이다. 이 금액은 한국여성정책연구원에서 전업주부 연봉을 계산한 것이다. 식사준비, 청소, 세탁, 자녀돌보기 등을 합쳐 37가지 항목을 계산한 평균치 연봉이다. 아내의 여린 몸으로 연간 3,745만 원을 벌어다 주는 상황이니 얼마나 힘들지 상상이 간다.

힘든 건 아내뿐일까? 아니다. 두 아들은 인문계 고등학교를 다녔다. 17살, 1학년 1학기 첫날부터 야간자율학습을 시작했다. 아침 7시 30분에 등교하여 저녁 9시 30분까지 공부를 했다. 입시라는 경쟁에 익숙해지기 위한 훈련이었다. 큰딸도 고등학생이다. 10여 년이 지났지만 오빠들과 똑같이 이른 아침부터 저녁 늦은 시간까지 공부를 한다.

 반면 아내의 친구들은 주말에 삼삼오오 모여 등산이나 꽃구경을 간다. 아이들은 다 컸고, 아직 손자 볼 나이는 아니다. 자유로운 시간인 셈이다. 막내 다혜는 다 컸지만 엄마 손길이 더 필요하다. 다은이도 고등학생이라 엄마의 손길을 필요로 한다. 아들들은 각자의 자리에서 최선을 다하고 있다. 만만치 않은 세상을 사는 데 왜 어려운 일이 없겠는가? 더구나 동생들이 있으니 마음의 부담이 있을 듯하다.

 나는 농사를 좋아하여 연차 때 농사지을 준비를 한다. 아직 돈이 한창 들어갈 때니 무조건 정년까지 가야 한다. 가끔 느긋하게 쉬고 싶은 마음도 든다. 하지만 가족이 주는 위안이 엄청나다. 밖에서 받은 온갖 스트레스는 가족을 보는 순간 스르르 녹는다. 가족은 에너지 회복의 원천이고, 그 자체로 존재 이유가 된다.

어느 날 집에 들어오니 집이 깨끗했다. 거실과 방, 싱크대 등 두 딸이 청소를 해놓은 것이다. 이 모습을 보고 딸이 철들었다는 생각이 들었다. 다은이가 초등학교 6학년 때인데, 다혜도 한 몫 거들었을 것이다. 행복한 순간이었다. 가끔 삶에 대해 생각해 본다. 사실 별것 없다고 생각할 때가 종종 있다. 그래도 별것 없는 '범사'가 얼마나 위대한가. 그래서 '범사에 감사해라.'라는 말이 있다. 가족을 통해 다시 범사의 감사함을 배운다.

입양가족의 특징이 있다면 처음에는 딱 한 명만 입양하겠다고 한다는 것이다. 하지만 가족 숫자가 점점 늘어나게 된다. 입양보다 가족 자체가 주는 사랑과 위안을 알기 때문이다. 가족이 많으면 힘든 건 사실이다. 그래도 위로받을 사람이 있다는 건 회복 가능성이 높다는 말이다. 나를 끝까지 응원해줄 사람은 가족뿐이다. 가족이 주는 위로와 힘은 그 어떤 것이라도 이겨낼 수 있다. 입양은 힘듦과 동시에 행복이 존재한다.

다은, 다혜 이야기
품위 있는 말

다혜가 말이 약간 늦다. 그래도 말 빠른 다은이에게 시집살이를 살다 보니 말이 늦은 게 다행이라면 다행이다. 둘이서 엄마에게 잔소리하고 참견한다면 나나 아내는 힘들었을 것이다. 다혜가 조금씩 말을 배우다 보니 한 마디, 한마디 할 때마다 온 가족이 웃고 떠들고 손뼉치고 난리가 난다.

다혜의 말 한마디를 듣기 위해서 온 가족이 말을 건다. 가끔 방학 중인 작은 오빠와의 실랑이에서 다혜는 말을 못하니 오빠가 하는 말을 그대로 따라 한다.

　작은 오빠 : 다혜 바보.
　다혜 : 오빠 바보, 엄마 바보, 언니 바보.
　작은 오빠 : 다혜 미워.
　다혜 : 오빠 미워, 엄마 미워, 언니 미워.
　엄마 : 김다혜! 엄마랑 언니가 뭐 어쨌다고 자꾸 엄마랑 언니까지 끼워 넣어서 밉대? 그러면 다혜 꼴 보기 싫어!
　다혜 : ?
　작은 오빠 : 엄마 다혜에게는 너무 무리인가 봐.

　그 후부터는 날마다 실갱이를 하다가 오빠의 "꼴 보기 싫어."로 끝난다. 다은이도 다혜가 바락바락 소리 지르며 달려들면 "다혜 꼴 보기 싫어."로 끝낸다. 아빠에게도 떼쓰다가 아빠가 "이러면 다혜 꼴 보기 싫어." 하면 무슨 소리인지 모르는 척하고 끝난다.
　또한 다은이가 오빠나 엄마에게 바락바락 소리 지르면 엄마는 "다은이 싹수없는 거야."라고 한다. 밖에 나가서 어른들에게 인사 안 할 때도 "다은아 어른들께 인사 안 하면 싹수없는 거야."라고 했다. 또 오빠가 밥도 안 먹고 휑하고 나가버릴 때도 "오빠가 싹수가 없어서 저래." 하면 따지기 좋아하고 물어보기 좋아하는 다은이에게 한마디로 끝낼 수 있다. 그런데 수요일, 학원에서 그 말의 정체가 드러났다.

선생님은 나에게 이렇게 말씀하셨다.

"아까, 다은이보다 한 살 어린 동생이 '야!'라고 하니까 다은이가 '싹수없네.'라고 했다네요."

누구에게 이런 말을 배웠을까. 멀리서 찾을 것 없다. 가족들이 그랬다. 이젠 품위 있는 말만 써야겠다.

chapter 3
서류에 지쳐,
입양을 포기합니다

당신의 아이입니다

2살 아이를 입양했는데 3개월째 새벽마다 울고 있다. 어르고 달래도 운다. 엄마, 아빠 모두 지쳤다. 집안은 어지럽고, 엄마는 샤워 한번 편하게 못했다. 아빠라고 별반 다를 바 없다. 잠을 못 자니 회사에서도 꾸벅꾸벅 존다. 성과가 낮게 나와 상사에게 혼난다. 여기에서 질문을 하나 하고 싶다. 가장 힘든 사람은 누구일까?

답이 어렵다면 힌트를 주겠다. 엄마, 아빠는 사랑하는 사이고 몇 년 동안 함께 했다. 그렇기에 가장 힘든 사람은 바로 2살 아이라고 볼 수 있다. 아이는 극심한 스트레스를 받는다. 새로운 사람들, 새로운 환경, 갑자기 늘어난 관심 등으로 아이는 힘들 수밖에 없다. 입양된 아이는 엄청난 변화와 스트레스를 겪게 된다. 그래서 아이가 보채고, 울더라도 사랑을 줘야 한다.

30대는 두 아들과 함께했다. 예쁘고 사랑스럽지만, 거짓말할 때 혼내야 했고, 어디서 사고라도 칠 때는 미웠다. 사랑이 넘치는 부모라도 아이를 365일 내내 좋아할 수는 없다. 그래도 가족이란 이름으로 사랑하고 용서를 한다. 입양아도 마찬가지다. 사랑스러울 때도 있고, 미울 때도 있다. 종종 입양시설 직원과 '파양(破養)'에 대해 이야기한다. 입양 가정에서는 여러 이유로 파양을 결정하기도 한다.

몇 개월 혹은 몇 년 살던 아이와 헤어지는 것은 아이, 부모 모두에게 충격적인 일이다. 아이는 어리더라도 부모가 자신을 포기했다는 걸 안다. 서로 큰 상처를 받을 수 있다. 입양은 개월 수에 따라 크게 두 가지로 나뉜다. 신생아는 입양 숙려기간이 끝난 아이로 12개월 이내, 연장아는 12개월이 지난 아이를 말한다. 신생아는 가족과 친밀감을 빨리 느끼게 된다. 하지만 연장아는 어느 정도 자라서 적응하는 데 시간이 걸린다.

신생아, 연장아는 부부의 여러 가지 상황을 고려하여 선별하면 된다. 아이는 상품이 아니다. 100% 마음에 드는 아이를 찾는다는 건 말도 안 되는 이야기다. 그래서 아이와 맞선 갈 때는 가벼운 마음으로 가는 게 좋다. 아이를 고르러 가는 게 아니라 사랑을 줄 아이를 만나러 가는 길이기 때문이다.

> '만약 사랑을 줄 수 있다면
> 그 아이는 당신의 아이가 될 것이다.'

입양가족 중에 '사랑의 치료'를 한 가족이 있다. 중앙입양원 블로그에 소개된 의찬이 가족이다. 의찬이는 8개월 때 입양되었는데 다른 아이와 달랐다. 반응이나 영양 상태도 다른 아이와 차이가 있었다. 소아과에서 검사했을 때는 아무 이상이 없었다. 그런데 입양 후 엄마는 의찬이가 한 손으로만 젖병을 쥐는 것을 보았다. 다른 손에 쥐여줘도 사용하지 못했다.

다시 정밀 검사를 받아보니 편마비 증상이 나왔다. 부모는 의찬이를 안고 다니며 척추교정치료를 받게 했다. 치료사가 주무르면 고통스러워 하며 울었다. 엄마는 작은 아이를 남이 주무르는 것, 아직 가족과 애착형성이 안 된 아이를 맡긴다는 것이 마음에 걸렸다. 그래서 선택한 것이 '사랑의 치료'였다. 특별한 것 없이 시간만 나면 아이를 주물러주고, 쓰다듬어주고, 사랑을 주었다. 사랑의 치료를 받은 의찬이는 잘 움직이게 되었다. 시설에 그대로 놔뒀더라면 편마비 증상이 심각했을 것이라는 이야기를 나중에 들었다.

블로그를 보면 의찬이는 사춘기를 앞둔 씩씩한 남자아이가 되었다. 사랑의 힘이 아니라면 무엇이라고 설명할 수 있을까? 입양을 결정하면 아이는 비로소 내 아이가 된다. 사랑의 치료가 건강한 아이로 만든다. 부족해도 사랑으로 아이를 키울 수 있을 때 그 아이는 당신의 아이가 된다. 신생아, 연장아 상관없다. 입양 후 아이가 울고 힘들게 한다면 당신보다 아이가 더 스트레스받는다는 걸 알면 된다. 아이가 훨씬 힘들고 큰 변화를 겪는다. 그러니 더 사랑하고 예뻐해 주자.

생명을 책임지는 일 앞에서

다혜로 기억한다. 5살 때쯤 집 앞에서 뭔가 유심히 보고 있어 무엇을 하나 지켜봤다. 자세히 보니 애벌레를 관찰하고 있었다. 천천히 기어가는 애벌레를 보면서 다혜는 '새가 쪼아 먹지 않을까? 강아지 발에 밟히지 않을까? 나무에서 떨어지면 어떻게 하지?' 등 오만가지 걱정을 했다. 작은 생명을 걱정하는 아이의 순수한 마음을 고스란히 느낄 수 있었다. 때 묻지 않은 아이를 보면서 사람은 본성이 원래 착하다는 생각까지 들었다.

모든 생명은 이런 어린 시절을 겪는다. 그중 인간은 가장 긴 세월 동안 부모의 보호를 받는다. 어린 생명을 아끼고 보살피는 것이 어른의 마음일 듯하다. 이 어린 생명을 보호하는 일 한 가운데 사회적 이슈가 하나 있었다. 바로 '베이비 박스'다.

서울 주사랑공동체교회 이종락 목사는 교회 앞에서 저체온증으로 죽어가는 신생아를 보고 베이비 박스를 설치했다. 베이비 박스에는 아이의 생년월일을 써넣으라는 표시가 있다. 아이가 새 가족을 만날 때 중요한 정보가 되기 때문이다. 아이가 베이비 박스에 들어가면 교회의 벨이 울린다. 그러면 신도들은 기도하다 말고, 식사하다 말고 뛰어나간다.

베이비 박스에 대한 찬반이 국회까지 가서 '비밀출산법'이 발의된 상태이다. 베이비 박스는 생명을 경시하는 풍조를 확산시킨다, 영아원도 못 찾아가는 정도의 정보부족 문제이다, 사연 있는 부모의 최후 선택지이다, 생명을 살리는 길이라는 주장이 팽팽했다. 무엇이 생명을 위한 일인지는 더 지켜봐야 할 것 같다.

베이비 박스를 만든 이종락 목사를 보면서 조금 부끄러웠다. 그 분은 같은 시대에 살면서 무척 가치 있는 일을 하고 있다는 생각이 들었다. 내가 할 수 있는 건 뭘까. 그것은 입양을 홍보하고, 그 과정에서 생기는 어려움을 도와주는 민간홍보 역할일 듯하다. 베이비 박스가 많은 생명을 살리고 적절한 기관에 인계하는 역할이라면 입양은 한 생명에 집중하고 건전한 사회인으로 성장시키는 일이다. 그 과정에서 부모도 함께 성장한다.

입양을 희망하는 사람들을 힘들게 만드는 일이 있다면 행정적인 절차일 것이다. 다은이, 다혜를 입양할 때만 해도 서류가 복잡하지 않았다. 조건이 맞거나 복지사가 가정방문 후에 문제가 없으면 입양을 할 수 있었다. 호적에 올릴 때도 출생신고하듯 신속하게 끝났다. 행정적인 문제로 스트레스를 받지 않은 것이다.

그런데 지금은 입양특례법에 따라 복잡한 과정을 거쳐야 하고 여러 가지 서류를 준비해야 한다. 또한 사회복지사 방문으로 먼저 '위탁부모'가 되어야 한다. 위탁부모가 된 후에는 판사의 판결을 기다려야 한다. 그 과정이 150일이 넘는 경우도 있다. 더 큰 문제는 판사가 불합격 판정을 하면 100일 넘게 키웠던 아이를 다시 시설로 보내야 한다는 점이다. 아이를 다시 보낼 수 있다는 사실은 부부와 아이 모두에게 불안감을 심어준다.

입양기관마다 차이가 있지만 16개 정도의 서류가 필요하다. '민원24' 등 집에서 프린트할 수 있는 것도 있지만, 부부 건강진단서, 각종 재산증명 등 복잡한 것도 있다. 그리고 가정 방문 시에는 숨기고 싶은 사적인 질문에도 답해야 한다. 아이를 제대로 키울지 판단하는 데 꼭 필요한 절차이기 때문이다. 이런 과정 때문에 일부 가족은 지레 겁먹고 포기를 하기도 한다. 30·40세대 중, 빚 없는 집안이 현실적으로 얼마나 있겠는가. 빚 걱정으로 입양을 꿈꾸지 못하는 부부들도 있다.

복잡하고 까다로운 입양 절차는 아이를 만나기 전에 지치게 할 수 있다. 더욱이 입양특례법 개정을 앞둔 상황에서 입양부모에 대한 정보를 공개한다니 면접대상자가 된 기분이 들 수도 있다. 이 세상에 완벽한 법은 없다. 아이를 좋은 부모에게 입양시키려는 입장에서 까다롭게 심사하는 것은 당연하지만 불편하거나 잘못된 점은 서서히 고쳐 나갈 수 있었으면 한다. 입양하겠다고 마음먹었다면 당신은 생명을 책임질 실천을 하고 있는 사람이다.

별처럼 수많은 사람들 그중에 그대를 만나 / 꿈을 꾸듯 서로를 알아보고 / 주는 것만으로 벅찼던 내가 또 사랑을 받고 / 그 모든 건 기적이었음을….

가수 이선희의 노래 <그중에 그대를 만나>에는 다음과 같은 가사가 있다. 부부가 만난 것도 기적이고, 지금 함께하거나 앞으로 만날 입양아도 별처럼 수많은 사람들 중의 한 명이다. 그 자체가 기적이다. 기적을 이루려면 힘이 든다. 입양은 시작부터 힘들지만 기적을 만들기 위한 과정으로 생각하자. 기적은 고통과 시험으로 온다.

다은, 다혜 이야기
좋은 줄 알았는데, 너무 예쁜이들

엄마 이야기

다은이와 다혜가 어린이집에 갔다. 갑자기 할 일이 없어지고 허전해진 엄마는 잠을 실컷 자고 일어나 거리로 나갔다. 은행 업무를 보고 친구 사무실에 들러 이것저것 인터넷을 뒤지고 있었는데 뭔가 허전했다. 아이들이 어린이집에 가고 나면 자유일 줄 알았는데, 무엇이든 하고 싶은 것 다 해보고 가고 싶은 곳 다 가볼 줄 알았는데….

계획과 포부가 많았건만, 자꾸 허전한 게 뭘 잃어버린 것 같은 느낌이 든다. 이곳저곳을 배회(徘徊)할 때 친구에게서 전화가 왔다. 그 믿음의 친구는 내가 배회할 때마다 때맞춰 전화를 해와 나를 주님께로 데려간다. 그 친구와 목요일에 만나기로 약속했다. 내가 방황하고 있을 때 주님은 그 친구를 통해 또 나를 부르신다. 역시 그 분은 항상 나를 사랑하신다는 사실이 온몸과 맘으로 느껴진다.

'이제 배회하지 말자. 그래, 더 이상 우울하지 말자. 나의 안식처를 찾아서…'

아빠 이야기

다혜 건강상태가 별로이다. 지난 주일부터 열이 오르기 시작했다. 지금은 열은 내렸는데 숨을 쉴 때마다 쌕쌕 소리가 난다. 어린 목소리로 "아파…" 하면서 머리를 잡는다. 소아과에서는 폐렴 일보 직전이라고 한다. 날마다 항생제를 먹는데 약을 먹고 조금 있으면 설사를 해버린다. 밤마다 기침이 너무 심하다. 엄마, 아빠를 잠 못 들게 한다. 그리고 번갈아 가면서 등에 호쿠날린을 붙이는 바람에 그 자리에 아토피가 생겼다.

예쁜 우리 다혜, 지금은 아픈 우리 다혜. 씩씩하게 잘 놀고 일도 저지르고 뺀질거린다. 엄마와 실랑이 벌이느라 얼마나 몸을 부대끼는지, 먹는 것도 약하고 목욕을 못 시켜서 꼬질꼬질하다. 그래도 너무 예쁘다.

전문기관의 도움을 적극적으로 받자

'어떤 일에 도움받을 수 있는 방법은 무엇일까?'

무엇이든 정확히 말하지 않으면 도움을 받을 수 없다. 그래서 인간관계에서는 '정확한 도움'을 요청하라고 말한다. 그렇지 않으면 혼자 끙끙 앓는 고민이 되고 만다. 여럿이 함께라면 해결방법을 찾을 수 있다. '7인의 법칙'이 있다. 7명을 거치면 전 세계 사람과 만날 수 있다는 법칙이다. 우리가 사는 세계는 촘촘한 네트워크로 되어 있다는 뜻이다. 필요한 것이 있다면 정확하게 요청할 줄 알아야 한다.

아내가 입양모임에서 만난 민재 엄마의 이야기를 꺼냈다. 남자 아이인 민재를 돌보는 부부는 나이가 있는지라 체력에 한계를 느꼈다. 민재는 극성스러웠는데, 이는 다른 아이보다 에너지가 넘쳐 건강하다는 뜻이다. 아빠는 회사에 다녀야 했고, 엄마는 체력에 한계가 있었다. 엄마의 소원은 더도 말고 덜도 말고 딱 3일만 쉬는 것이었다.

아내는 그 아이를 봐줄 수 없었고 도움을 주지 못했다. 어느 날 교회에서 이런저런 이야기 끝에 민재 엄마의 사연을 알게 되었다. 마침 옆에 있던 대학생이 학교에서 진행하는 1박 2일 '멘토링 과학캠프'를 보내라고 조언을 했다. 그 말에 어두운 방에 불이 켜지듯 마음이 환해졌다. 당장 전화를 걸어 신청했는데 처음에는 조금 걱정했다. 아이는 자기를 어디로 보내는 것은 아닌지 불안해했다. 그러자 부모는 학교 홈페이지에 들어가 사진과 동영상을 보여주고 설득했다.

그래도 불안해하자 대학에 연락하여 부모참관을 신청했다. 부모참관은 방을 따로 잡는 조건이었다. 그렇게 민재는 첫 1박 2일 과학캠프에 가서 신기한 실험을 했다. 어수선한 아이는 어느 순간 집중하는 시간을 보낼 수 있었다. 민재 엄마도 흡족해 했던 캠프였다. 캠프는 여름과 겨울, 2번 열렸다. 한번 다녀온 후, 이제는 엄마 없이 혼자 다닌다. 엄마도 휴가를 보낼 수 있게 되어 기뻤다. 민재 엄마가 당당히 도움을 요청했기에 가능한 일이었다. 입양뿐만 아니라 아이를 키우는 데 필요하다면 구체적으로 도움을 청하자.

심리상담을 받으면 대화법에서부터 가족의 기질 등 그동안 생각해보지 않았던 것을 배우게 된다. 젊은 아빠들은 모르겠지만, 우리 세대에는 심리상담 같은 것이 드물었다. 처음에는 어색했지만 지금은 사람을 이해하는 데 도움이 된다. 심리상담에 관해 이야기를 하면 유난 떤다고 생각할 수도 있다. '그런 것 없어도 잘 자란다.'는 주장이다. 맞는 말이다. 하지만 심리상담을 하러 가면 상담 외에도 배우는 것들이 있다. 검사를 통해 자기 이해와 대인관계 소통법 등에 대해 배우게 된다. 고액과외는 못 시켜도 세상을 살아가는 데 꼭 필요한 것이라고 생각한다.

심리상담은 입양아로서 받을 충격과 대인관계법 그리고 부모와의 대화를 원활하게 할 수 있도록 돕는다. 적극적으로 손을 내밀자. 종종 비용을 이야기하는데, 가족 외식비 한 번 아끼면 된다. 그날은 라면을 끓여 먹어도 행복할 것이다. 입양가족의 경우 정부에서 지원을 해주기도 한다. 입양가족이 아니더라도 상담을 받을 만한 가치는 충분하다.

입양 관련 기관은 많다. 대표적인 곳이 입양중앙원이다. 입양 관련 절차, 정보, 홍보 등에 대해 알려준다. 거주지 근처에서 도움을 받는 방법은 각 지부가 있는 홀트아동복지, 대한사회복지회 등이다. 통화가 부담스럽다면 게시판에 상담신청을 올리면 답장이 온다. 인터넷 사용이 어려우면 주민센터 등에서 도움을 받을 수 있다.

한국입양홍보회에는 입양에 관한 많은 정보가 있다. 입양정보는 물론 가족 일기가 있어 입양가족이 살아가는 소소한 재미를 맛볼 수 있다. 꼭 방문해 보길 바란다. 사실

입양 관련 절차나 방법은 구체적인 정보가 오픈되어 있다. 마음먹고, 실천하는 것이 중요하다. 정보와 방법은 쉽게 알 수 있다. 내가 무엇이 필요하고, 어떤 도움이 필요한지 구체적으로 말하면 도움을 받을 수 있다. 적극적으로 도움을 구하자. 입양 관련 전문기관은 물론 나 같은 민간홍보대사도 마찬가지다. 입양을 실천할 전문기관은 많다. 남은 건 실천뿐이다.

중앙입양원 https://www.kadoption.or.kr
대한사회복지회 https://www.sws.or.kr
한국가회봉사회 http://www.kssinc.org
홀트아동복지회 https://www.holt.or.kr
동방사회복지회 https://www.eastern.or.kr
한국입양홍보회 http://www.mpak.org

입양부모 조건과 챙겨야 할 서류들

입양 절차가 복잡하지 않으면 얼마나 좋을까. 지금은 입양특례법에 따라 절차가 까다로워졌다. 정확한 심사로 행복한 가정에 아이를 입양하는 것은 좋은 일이다. 하지만 법은 모순점도 많다. 차츰 개선해 나가야 할 일이다. 입양부모의 조건과 챙겨야 할 서류들에 대해 말하고 싶다. 처음부터 꼼꼼하게 챙겨 아이와 더 많은 시간을 함께 했으면 좋겠다. 우선 입양 관련 법적 근거인 입양특례법, 입양특례법 시행령, 입양특례법 시행규칙을 읽어보자. 어떤 취지이고, 어떻게 보호받고 있는지 알 수 있다. 중앙입양원 홈페이지를 확인하면 된다. 입양부모가 될 수 있는 조건은 다음과 같다.

입양자격

제10조(양친이 될 자격 등)

첫째, 이 법에 따라 양친이 될 사람은 다음 각호의 요건을 모두 갖추어야 한다.

· 양자를 부양하기에 충분한 재산이 있을 것
· 양자에 대하여 종교의 자유를 인정하고 사회의 구성원으로서 그에 상응하는 양육과 교육을 할 수 있을 것
· 양친이 될 사람이 아동학대, 가정폭력, 성폭력, 마약 등의 범죄나 알코올 등 약물 중독의 경력이 없을 것
· 양친이 될 사람이 대한민국 국민이 아닌 경우 해당 국가의 법에 따라 양친이 될 수 있는 자격이 있을 것
· 그 밖에 양자가 될 사람의 복지를 위하여 보건복지부령으로 정하는 필요한 요건을 갖출 것

둘째, 양친이 될 사람은 양자가 될 아동이 복리에 반하는 직업

이나 그 밖에 인권침해의 우려가 있는 직업에 종사하지 아니하도록 하여야 한다.

셋째, 양친이 되려는 사람은 입양의 성립 전에 입양기관 등으로부터 보건복지부령으로 정하는 소정의 교육(8시간 교육 이수)을 마쳐야 한다.

입양부모의 나이 제한

1) 기혼가정
   - 국내인 _ 25세 이상으로서 양자 될 자와의 연령 차이가 60세 미만인 자
   - 국외인 _ 25세 이상으로서 양자 될 자와의 연령 차이가 45세 미만인 자

2) 독신자의 경우
   - 35세 이상이며 아동과 연령차가 50세 미만인 자
   - 정신적, 신체적으로 건강한 자
   - 사회적 경제적으로 안정된 직업에 종사하여 아동 양육에 필요한 경제력을 갖춘 자
   - 가족들이 입양에 대해서 동의를 한 자

다음은 챙겨야 서류들이다. 서류가 많지만 일부 서류를 제외하고 '민원24(http://www.gov.kr)'에서 인터넷으로 신청할 수 있다. 재산 관련 서류는 '국세청홈택스(https://www.hometax.go.kr)'를 활용하면 된다. 두 곳 모두 공인인증서가 필요하니 미리 준비하자. 절차는 다음과 같다.

기혼 가정	독신 가정
· 가족관계증명서 · 혼인관계증명서 · 주민등록등본 · 가족사진 · 건강진단서(부부 각각)	· 가족관계증명서 · 주민등록등본 · 건강진단서 · 가족사진 · 입양적격추천서 · 자녀양육계획서 · 소득관련수준관련증명

∴ **기타 구비서류**
  · 최종학력증명서
  · 양친가정조사신청서
  · 건강진단서(약물중독과 알코올중독 검사결과 포함)
  · 신용정보조회서
  · 범죄경력조회서
  · 재산 관련 서류(근로소득원천징수영수증, 소득금액증명서, 예금잔고증명서, 등기부등본, 전/월세 계약서 등)

아이와 선본 후 가정법원의 허가가 있기 전까지 '위탁부모'가 된다. 판사판결이 안 나서 불안하겠지만, 반드시 된다는 생각으로 아이에게 집중하는 게 좋다.

입양신청 및 서류접수

입양기관에 양친가정 조사 신청서 제출
<구비서류>
· 양친가정조사신청서(별지 제6호 서식)
· 가족관계증명서
· 혼인관계증명서
· 주민등록등본

입양부모의 가정조사 및 가정방문

· 입양기관 사회복지사의 가정방문 2회 이상
· 양친 가정조사서 작성(입양기관/별지 제호 서식)
· 신청인에게 양친가정 조사서 발급(입양기관)

입양부모 교육

입양기관으로부터 소정의 입양 관련 내용 교육 이수 후 양친교육 이수증명서(별지 제1호 서식) 발급

| **아이 선보기** |

입양기관의 아동 추천 후 아이 선보기

| **가정법원에 입양서류 제출** |

가정법원에 입양허가 신청

<구비서류>

· 입양허가신청서
· 신청 관련 사항 목록
· 기본증명서, 가족관계증명서, 주민등록등본(사건본인)
· 혼인관계증명서, 가족관계증명서, 주민등록등본(청구인들)
· 입양대상 아동확인서
· 양친가정조사서
· 양친이 될 사람의 범죄경력조회 회보
· 양친이 될 사람의 교육 이수증명서
· 입양동의서

| **입양의 허가** |

가정법원의 인용심판 확정으로 입양허가

입양 & 아동의 인도

· 가정법원의 입양허가가 결정된 후 아동을 양부모에게 인도
· 양도 시 아동 관련 기록 및 물품전달

입양신고

가정법원의 허가서를 첨부하여 가족관계 등록 등에 관한 법률에 정하는 바에 따라 신고(친양자 입양 신고서 작성)

사후관리

입양 성립 이후 입양기관은 1년 동안 양친과 양자의 상호작용을 위하여 사후서비스를 제공하여야 함

세세한 케어를
받지 못한 아이입니다

다혜를 입양하고 1년 정도 지났을 때였다. 흙 놀이가 끝난 후, 씻기려고 준비하는데 다혜가 이렇게 말했다.

"안 돼요! 엄마랑 씻을 거예요."

오래전 일인데도 기억이 생생하다. 순간 내가 무슨 잘못을 했나 되짚었다. 세월이 흐른 뒤에 시설에서 배운 성교육이라고 아내에게 들었다. 다른 어른 남자에게도 똑같이 대할 것 같아 다행이란 생각이 들었다. 그 후로 놀아주는 건 내가, 씻기는 건 아내의 몫이 되었다. 시설에서 배우고,

몸에 배인 습관을 '시설증후군'이라 부른다. 내 것이 없는 시설의 아이들에게서 보이는 특징이다. 두 딸에게는 시설 증후군이 있었다. 특히 '내 것'에 대한 집착이 강했다. 다은이에게 귤은 정말 가지고 싶은 것이었다. 어느 날 아내가 귤 한 박스를 사 왔다. 귤을 본 다은이는 강한 집착을 보였다.

"다은이 방에 가져다 놓을 거야."

우리 부부나 오빠들은 다은이에게 배급을 받아야 했다. 귤을 나누어 주는 다은이의 얼굴엔 기쁜 표정이 흘러넘치고 있었다. 그 얼굴을 잊을 수가 없다. 하지만 귤이 떨어져 가니 점점 초조한 표정을 지었다. 오빠들의 장난도 한몫해서 귤이 빨리 줄어들었다. 마침내 귤이 떨어지자 다은이는 울었다. 나는 할 수 없이 자전거를 타고 귤 한 박스를 급하게 사 왔다. 아이는 다시 기쁘고 순수한 표정을 지었다. 채워져야 나눌 수 있고, 내 것에 대한 집착도 줄어든다. 나는 시설증후군을 겪는 부모들에게 "부족한 것 없이 채워줘라."라는 조언을 한다.

입양아는 세세한 케어를 받지 못하고 자란다. 연장아들

은 더 심하다. 모든 물건을 공용으로 사용한다. 정해진 시간에 따라 움직이는 습관도 몸에 배어 있다. 그 안에는 아이들만의 룰이 있다. 하루아침에 바뀐 가정환경에 금방 적응하기를 바라는 것은 부모의 욕심이다. 시설증후군이 있다면 부부는 더 사랑하고 더 관심을 쏟아야 한다.

  입양가족 모임에서 딸을 입양한 어느 아버지와 이야기를 나눈 적이 있다. 연장아로서 무슨 일이 있었는지, 딸은 아빠를 심각할 정도로 경계했다. 아마도 어른 남자에게 큰 상처가 있었던 듯 싶었다. 어떻게 하겠는가. 참고 기다려야지. 아빠가 딸을 볼 수 있는 유일한 시간은 잠잘 때뿐이었다. 아이를 재우고 나면 아내가 제스처를 보냈다. 그러면 얼른 가서 살짝 뽀뽀만 하고 나왔다. 딸이 노는 모습을 보고 싶으면 창문 너머로 봐야 했다. 그래도 딸 바보라 마냥 좋았다.
  그렇게 4개월이 지날 무렵이었다. 퇴근하고 오던 어느 날, 딸은 아빠에게 뛰어와 와락 안겼다. 딸이 아빠를 받아들인 순간이었다. 조금 경계하는 마음이 있긴 했지만, 차즘 아빠와 함께 하게 되었다. 아이에게 경계심이 있다면 입양부모는 서운함을 느끼게 된다. 하지만 어쩔 수 없다. 사랑을 받지 못한 아이라, 시간이 약이다. 사랑하고 예뻐하다 보면 마음을 열고, 한 가족으로 받아들인다.

아이에게 시설증후군은 다양한 현상으로 나타난다. 지나치게 어른스러운 아이, 모든 사람을 경계하는 아이, 먹는 것에 집착하는 아이, 물건에 '내 것'이란 개념이 없는 아이 등이다. 강도의 차이만 있을 뿐 시설에 있다 보면 이런 것들이 하나쯤 생긴다. 부모가 어떻게 할 수 없다면 전문가를 찾는 것도 좋은 방법이다. 상담과 치유를 통해 해결책을 찾을 수 있다.

'필부유책(匹夫有責)'이란 말이 있다. 일개 필부도 세상일에 책임이 있다는 뜻이다. 아이가 시설에서 사랑을 받지 못하고 자랐다면 입양과 아무 관련 없는 사람이라 하더라도 책임이 있다. 기성세대, 어른으로서 책임 말이다. 입양하지 않더라도 입양에 대해 관심을 갖고, 관련 정책에 지지와 감시를 보내자.

2010년 국내 장애아 입양은 3%에도 미치지 못한다. 장애아란 어려움과 입양이란 두 가지 편견 때문이다. 전문가들은 우리나라가 OECD 국가 중 많은 장애아를 해외입양시키는 나라라고 말한다. 그런 환경에서 2010년 입양의 날, 언론에 오영운 군 가족이 소개되었다. 16개월 된 뇌성마비 1급 장애아동을 입양한 어머니, 김진미 씨는 6살 때까지 아이를 업고 다녔다. 처음 만났을 때 아이의 웃는 모습이 천사와 같다고 생각했다.

그녀는 10년간 아이의 '분신'으로 살았다. 사랑과 정성으로 자라 초등학교 3학년 때 기저귀 없이 화장실에 간 날은 가족에게 특별한 날이었다. 이후에도 느리지만 천천히 배워가며 학교에서 성적 좋은 아이가 되었다. 처음에는 건강하게만 자라길 바랐지만, 이젠 성적에도 욕심난다고 인터뷰에서 말을 했다. 그녀는 영운이를 인생 최대의 축복이자 최고의 선물이라고 여긴다.

장애아는 몸도 마음도 세세한 케어를 받지 못한다. 그래서 입양가족이 더 필요하다. 이런 아이가 시설에서 자라고 있는 것만으로도 우리는 책임에서 벗어나지 못한다. 김진미 씨에게 한없는 존경과 감사를 보낸다.

다은, 다혜 이야기
다혜도 여자다

 두 딸의 성격은 달라도 너무 다르다. 다은이는 엄마 옆 아니면 뒤를 따라다니며 미주알고주알 잔소리를 한다. 어느 때는 마구 들이대고 징징거린다. 엄마가 오히려 다은이에게 감시를 당하는 편이다. 다혜는 마구 저지르고 쑤셔보거나 엎어놓는다. 정신이 하나도 없게 한다.
 밖에 나가면 다혜를 곧잘 잃어버리거나 찾기를 반복한다. 항상 다혜를 감시하느라 마음과 눈이 다혜를 지키고 있다. 그런데 오늘 아침 새삼 자매가 똑같이 엄마가 사다 준 귀걸이를 달고서 좋아하는 모습을 보니 우습고 재미있다. 생전 멋이라고는 모르고 치마 안 입고 바지 입는다고 떼썼던 다혜였다. 그런데 요즘엔 예쁘게 해준다면 미장원에서도 다소곳하게 머리를 대준다. 옷에도 신경을 쓴다. 예쁜 것에 관심 갖는 걸 보면 우리 다혜도 여자라는 생각이 든다.

입양의 날 무대에서 추게 될 재즈를 다은이가 저녁마다 연습할 때 우리는 많이 웃게 된다. 다혜도 언니 따라 한다고 돌아가지 않는 히프를 돌리고 배를 돌린다. 그리고 "엄마 나 잘하지, 응?"이라고 묻는다. 다은이는 정말 완벽하게 잘하고 다혜는 너무 귀엽다. 우습다. 둘이 같이하면 인기가 좋을 것 같은데, 다혜가 가족끼리만 있으면 온갖 여우짓을 하다 다른 사람 한 명만 있어도 숨어버린다. 그 많은 사람 앞에서 어떻게 춤을 출까 걱정이다.

다은이는 사람이 많을수록 더 좋아하고 즐거워하니 엄마가 너무 기쁘다. 예쁘고 춤 잘 추고 똑똑하고 자신감 넘치는 우리 큰딸, 수줍어하면서도 항상 생글거리며 많은 사람들에게 사랑받는 우리 작은딸이 있어서 엄마는 항상 행복하고 감사하다. "김다은, 김다혜! 사랑해~ 아주 많이~"

정해진 운명, 다시 만날 때를

10여 년 전 KBS <인간극장>에 '그녀가 왔다'가 방영되었다. 한국이름은 명희, 미국 이름은 켈리였다. 다섯 살 때 입양되어 37년 만에 한국에 왔다. 가족과 함께 한 15일 동안의 일들이 방송에 나왔다. 37년 전 명희 씨의 집은 빚보증으로 경제위기가 닥쳤다. 급기야 아버지는 쓰러지고, 어머니는 다섯 아이를 홀로 키우기에 버거웠다.

결국 막내인 명희 씨를 입양시키게 된다. 5살이었던 명희 씨는 "엄마 울지 마. 내가 커서 돈 벌면 엄마 집 사줄

게!"라는 말을 남기고 미국으로 떠난다. 입양 후 1년간은 편지가 오갔다. 하지만 그 후 소식이 끊겼다. 그녀는 밤마다 아빠가 찾아올 것이라고 믿었다. 입양부모가 알면 다른 곳으로 보낼까 봐 몰래 울고 기도를 했다. 시간이 지나자 차츰 현실을 받아들이게 되었다.

어느덧 결혼한 그녀는 남편의 도움으로 가족을 찾았다. 만나야 할지 말지 결정하는 일은 힘들었지만 한국행 비행기를 탔고 가족을 만났다. 어머니는 명희 씨에게 용서를 구했다. 치매에 걸린 아버지는 "미안하다."란 말을 남겼다. 명희 씨처럼 해외입양아들이 한국의 가족을 찾는 일을 종종 언론에서 볼 수 있다.

수많은 질문 중 가장 중요한 것은 아마도 '나는 누구인가?'일 것이다. 우리는 자신을 알기 위해 종교, 조상, 가족 등을 찾는다. 해외에 있는 수많은 입양아들은 이 질문을 가지고 뿌리를 알기 위해 한국을 찾는다. 자신의 정체성에 대해 알고 싶기 때문이다. 입양가족 사이에서 '정해진 운명'이란 단어를 쓰는 것이 있다. 그것은 아이가 성장하면 친생부모를 찾는 일이다.

과거에는 행정력 부족으로 찾기 어려웠다. 하지만 지금은 '입양정보공개' 제도 등으로 친생부모를 찾을 수 있게 되었다. 우리 두 딸 역시 정해진 운명을 어떻게 맞이할지 아무도 모른다. 아이를 입양할 때 우리 부부는 입양 사실을 알리는 것과 친생부모를 찾으러 간다면 보내주기로 다짐을 했다. 이 문제에 대해 일찍이 이야기를 나누었다.

한 번은 다은이에게 낳은 엄마가 궁금하지 않냐고 물었다. 다혜는 궁금해하며 "닮았을 거야."라고 했다. 그리고 찾고 싶냐고 물었더니 찾고 싶다며 "궁금한 것뿐이야."라고 답했다. 이후 아내와 함께 딸들이 친생부모를 만나는 일에 관한 대화를 나누었다.

"친엄마와 여행을 가는 것, 일주일에 한 번 만나는 것은 허락할게."

"아니, 나는 엄마(아내)랑 갈 건데 왜?"

"그래 고마워. 그래도 만나는 건 너의 자유야."

아내는 다은이에게 친생부모를 만나면 무슨 이야기를 할 거냐고 물은 적이 있다.

"나는 내 갈 길, 갈 것입니다. 걱정 마시고요."

다은이에게서 짧은 대답이 돌아왔다. 딸들도 친생부모가 궁금한 건 사실이다. 우리 부부는 말리지 않는다. 자신의 정체성을 확인하러 가는 길이니 말이다. 우리 부부는 일찍 입양과 친생부모와의 만남에 관해서 이야기를 해두었다. 덤덤하게 받아들인 딸들이 고마울 따름이다. 어른이 된다는 건 자기 생각과 정체성이 확립된다는 뜻이다. 그때가 언제인지 모르지만 우리 가족은 대화로 소통하고 있다.

자신의 정체성을 찾아가는 아이를 보면서 나도 자신을 돌아보게 된다. 장년에게 정체성을 묻는 것은 낯간지러울 수 있다. 하지만 자신이 누구이고 남은 생을 어떻게 살지 중간, 중간 묻는 게 인생이다. 나이가 들면 외로움이 찾아오고, 신체변화 등을 겪게 된다. 나는 두 딸을 통해 또래 친구들이 느끼지 못하는 것을 느낄 때가 있다.

딸들이 한층 성숙하고 바른 어른으로 성장하기를 응원하고 있다. 이 책의 원고를 정리하면서 정해진 운명에 대해 다은이와 함께 이야기를 나누었다. 다은이가 했던 말로 마무리를 하고 싶다.

"나를 낳아주신 분께 편안한 마음을 가지시라고 말하고 싶어요. 저는 좋은 가정에 입양되어 잘 지내고 있으니, 낳아주신 부모님 편히 지내세요."

행복, 그 이름을 포기하지 마세요

'졸혼(卒婚)'이 유행처럼 번지고 있다. 졸혼에 관한 프로그램이 등장할 정도다. 졸혼은 각자 행복을 찾겠다는 마음으로 한다. 졸혼을 넘어 황혼이혼을 고려한다는 말도 곳곳에서 들려온다. 이런 결정을 하는 이유는 '행복' 때문이다. 행복하기 위해 한때 가족이었던 사람과 헤어진다. 최근 가정과 행복의 관계를 풀어낸 통계가 있다.

2016년에 서울 서베이에서 15세 이상 2만 명을 대상으로 기혼자, 미혼자의 행복도 조사를 했다. 조사결과 기혼자의 행복도는 7.12점, 미혼자는 7.21점이었다. 미혼자의 행복도가 높았다. 이에 대해 고려대 사회학과 황명진 교수는 인터뷰에서 "결혼 생활과 가족에 대한 우리 사회의 전반적인 의미가 많이 약해졌고, 과거에 우리는 가족생활이 행복해야 개인의 행복도 찾아온다고 했는데 이제는 가족에 대한 만족도와 개인의 행복이 별개가 됐다."고 평했다.

기혼자는 여러 가지 책임감과 압박이 있을 수 있다. 미혼자는 여러 면에서 자유롭다. 결혼은 선택이고, 자녀 역시 선택이다. 이처럼 행복의 기준은 천차만별이다. 누군가에게는 통장잔고일 수 있고, 혼자 하는 취미 생활, 여행 다니는 일, 사랑하는 사람과의 취미, 고급 아파트, 재테크 등 구체적인 것에서 추상적인 것까지 다양하다. 입양 역시 행복해지고 싶어서 한다. 아이가 주는 미소, 키우는 보람 등이 행복이라고 할 수 있다.

어느 날, 케이크를 먹고 있던 다혜가 울음을 터뜨렸다. 그런데 우리 가족은 그 울음으로 행복해했다. 학교에서 만든 케이크가 제대로 된 모양이 나올 리 없었다. 하지만 다혜는 그것을 예쁘게 포장해서 피아노학원, 영어학원을 거쳐 정성스럽게 가져왔다.

　가족이랑 함께 먹을 거라는 기쁜 마음으로 무거운 걸 끝까지 들고 왔다. 아내는 발목에 문제가 생겨 체중조절을 권유받아 못먹고, 나는 속이 좋지 않아서 저녁을 수저로 겨우 두 번 뜨고 만 상황이었다. 오빠들은 컴퓨터 게임에 집중하고 있었다. 그러자 다은이랑 케이크를 먹던 다혜가 울음을 터뜨리고 말았다.

　"내가 만든 케이크가 맛이 없어서 아무도 안 먹잖아!"

　케이크를 힘들여 가져온 정성을 생각하면 억울할 만한 일이었다. 우리는 다혜를 달랬다. 아내는 발목, 나는 소화불량, 오빠들은 레벨 업으로 먹지 못했다고 말이다. 결국 다 같이 모여 케이크를 맛있게 먹었다. 다 먹은 걸 본 다혜는 비로소 빙그레 웃음을 지었다. 그 미소를 보면서 우리 가족은 정말 행복했다. 늦둥이 딸이 없었다면 느끼지 못할 에피소드였다.

　늦은 나이에 입양된 연예인이 있다. 그 역시 행복하고

가족의 든든함으로 활동하고 있다. 일본에서 큰 인기를 끌고 있는 가수 신성훈 씨다. 입양홍보회의 홍보대사이기도 하다. 중성적 이미지와 가창력으로 승부하는 그는 강원도에 가족이 있다. 어머니와 두 형이다. 지금은 가족의 응원 속에 일본에서 활동하고 있다.

그는 서른이 넘어 입양되었다. 어머니는 그가 보호시설에 있던 시절, 방학 때 잠시 돌봐준 위탁부모였다. 가수를 꿈꾸고 서울로 올라오면서 연락이 끊겼다. 그러던 중 <아침마당>에 출연하여 친생부모를 찾았지만 25년이 넘은 기록으로는 찾을 수가 없었다. 마침 방송을 보고 연락해 온 분이 예전의 위탁부모였다.

다시 만난 두 사람은 실컷 울고 함께 기쁨을 나누었다. 이제 그는 더 이상 친생부모를 찾지 않는다. 지금의 어머니를 만났기 때문이다. 어머니는 이런저런 절차를 밟아 서른 넘은 아들을 정식으로 입양했다. 그의 책 《화려한 실패》에는 어머니와 나눈 몇 가지 에피소드가 나온다. 지방공연을 가면 어머니는 매니저가 되어 무대에 올라가기 전, 의상을 점검해준다. 그리고 노래가 끝나면 무대에서의 장

단점을 알려준다. 정작 아들이 무대에 있을 때는 누구보다 크게 박수 치며 응원을 한다. 책에는 어머니와 아들의 꼼양꼼양 매니저와 가수로서의 이야기가 나온다. 가족이기에 느낄 수 있는 행복이다.

때로는 짐이 되기도 했었죠 / 많은 기대와 실망 때문에 / 늘 곁에 있으니 늘 벗어나고도 싶고 / 어떡해야 내가 부모님의 맘에 / 들 수가 있을지 모르고 / 사랑하는 나의 마음들을 그냥 / 말하고 싶지만 어색하기만 하죠

가수 이승환의 <가족>이란 노래의 일부다. 가족은 늘 곁에 있지만 벗어나고 싶어한다. 그리고 사랑하지만 사랑한다고 표현하기도 어색하다. 가까이 있기에 가족이 주는 커다란 행복도 느끼지 못한다. 입양도 가족을 이루는 하나의 방법이다. 입양으로 가족의 행복을 맛볼 수 있다. 그 행복을 놓치지 말고 포기하지도 마라. 누군가를 기다리는 아이들과 함께 행복을 나누자.

다은, 다혜 이야기
시험장이 되어버린 텃밭

연휴라 서울에서 작은아들이 왔다. 말은 모처럼 일을 도와주러 왔다고 했다. 그런데 밭에 농약을 주더니 힘들어하는 눈치다. 날씨가 워낙 더운 데다 처음 해보는 일이라 그럴 것이다. 하나님께서 그런 아들을 가엾게 여기셨나 보다. 아침 일찍 오미자 전지를 하러 갔는데 한 줄도 채 하지 않아 비가 내렸다.

승헌이네 가족이 와서 함께 놀았다. 이런 행운도 비가 오니 가능한 것 아닌가. 아침 일찍 콩나물국밥집에서 국밥을 먹고 아들과 남편을 끼고 예배를 드렸다. 큰아들이 군에서 외출을 허락받아 오랜만에 여섯 식구가 모여 곱창을 먹었다. 정말 주일이 아니면 하지 못할 일이라 이것도 감사하게 생각한다.

오는 길에 파프리카와 가지 모를 사서 텃밭에 심었다. 이웃집 아저씨가 "작은 텃밭이 시험장이 되었네."라고 하셨다. 그러고 보니 미니 시험장 같았다. 고추(꽈리고추, 오이고추, 매운 고추, 안 매운 고추), 토마토(방울토마토, 대추토마토, 찰 토마토, 그냥 토마토), 배추, 무, 아욱, 상추, 오이, 호박, 고구마, 땅콩, 옥수수, 가지, 브로콜리 등 참 많이 심었다. 모두 다 우리 다은이랑 다혜가 먹을 것들이다. 아직도 밭이 한 고랑 반이나 남았다.

가족의 정성이 담긴 야채를 먹어서인지 다은이는 학교에서 인기가 많다. 체육대회 때 달리기를 일등 하고 장애물 달리기도 일등을 했다. 친구들도 많다. 선행상도 받고 피아노를 즐겁게 잘 치며 공부방에서 하는 기자 수업도 재미있어 한다. 진안 신문에 다은이 글이 세 번이나 실렸다. 원고료도 나온다. 그런데 공부는 이등이다. 칭찬을 많이 했더니 다은이가 다음에는 꼭 일등을 하겠다고 한다. 아빠가 해주고 싶은 말이 있다.

"너무 일등에 집착하지 마. 네가 열심히 하면 되는 거야. 일등이나 이등이나 엄마는 다은이 네가 제일 소중해. 일등 해도 엄마 딸이고 꼴찌해도 엄마 딸이야."

이 말에 다은이가 웃는다. 마음 한구석에서는 '이왕이면 공부도 일등을 하면 더 좋지.' 하는 마음이 들 때도 있다. 그럴 때 입에서 "주여…"를 말한다. 그리고 이내 못된 욕심을 내려놓는다.

chapter 4
입양초보 부모가
챙겨야 할 7가지

경제적 고민에
지레 겁부터 내지 말자

 현실적인 이야기를 하겠다. 입양가족은 한 번 입양을 하면 또 입양하고 싶어진다는 공통점이 있다. 그래서 '입양을 하지 않은 사람은 있어도, 딱 한 번만 입양하고 관심을 끄는 사람은 없다.'라는 말이 있을 정도이다. 모든 일이 그렇지만, 처음이 어렵지 그다음은 수월해진다. 입양도 마찬가지다. 처음 입양할 때는 겁도 나고, 이것저것 생각이 많을 수밖에 없다.
 그중에서 경제적인 부분은 큰 비중을 차지하게 된다. 한 아이를 대학까지 졸업시키는데 3억 이상이 든다는 통계가 있다. 2016년 중소기업 직장인 평균 연봉은 3,493만 원이다. 현실이 이러하니 두 아이를 키우는 데 필요한 6억은 큰 금액이다. 아이가 4명인 나는 그 많은 돈을 어떻게 장만할 수 있을까.

내 직업은 공무원이라 유리지갑이라는 직장인보다 더 투명하다. 아는 사람은 알겠지만 거기서 거기인 금액을 받고 있다. 생활면에서는 풍족하지 않을 수 있지만, 행복하게 잘 살고 있다. '신앙과 가족'이라는 두 가지 요소가 있기때문에 가능한 일이다. 경제적인 부분은 행복을 유지하기 위해서는 꼭 필요하다.

수입이 일정하면 지출을 관리하는 게 매우 중요하다. 지출을 관리하는 데는 아내의 공이 컸다. 아내는 베테랑 전업주부로, 그 일을 30년 가까이 했다. 살림한 사람은 알 것이다. 집안일이 얼마나 힘들고, 지루한지. 아내에게 감사하고 또 감사할 뿐이다. 아내가 워킹 맘이었더라면 시간과 체력 면에서 매우 힘들었을 것이다. 그리고 지역 특성상

중년 여성이 할 수 있는 일이 많지 않다.

아이를 양육할 때 식대와 사교육비가 지출의 대부분을 차지한다. 나는 도시에 살 때부터 근교 텃밭을 가꾸었다. 주말농장에서 딸들과 함께 작물을 키우고, 재배했다. 직접 키운 야채와 과일들 그리고 요리 솜씨를 발휘한 아내 덕분에 먹거리 일부분은 자급자족할 수 있었다. 지자체에서 텃밭을 분양하고 있다. 텃밭 가꾸기는 운동, 가족유대, 먹거리 절약이라는 일석삼조의 장점이 있다.

사교육은 꼭 필요한 과목을 제외하고 교회에서 해결했다. 교회에는 대학생 언니, 오빠들이 있다. 아이들은 적은 금액으로 과외를 받을 수 있다. 특히 영어교육은 교회 언니, 오빠들의 덕을 톡톡히 봤다. 또 아들들은 혜택을 보지 못했지만, 딸들은 어린이집, 유치원에 다닐 때 다자녀 혜택이 있었다. 그래서 비용이 저렴했다.

은퇴 후에 조용히 살 곳을 찾다 도시의 아파트를 정리하고, 지금 사는 곳으로 이사하게 되었다. 주택은 관리비가 없는 대신 이곳저곳 고쳐야 할 곳이 많다. 수리가 귀찮긴

하지만 지금은 반 정비사가 되었다. 공구함에는 전문가 못지않은 공구들이 들어 있어 전문기술이 필요한 일을 제외하고는 직접 처리한다.

아이들이 귀한 곳이다 보니 지자체에서 주는 혜택이 쏠쏠하다. 두 딸은 시골생활이 답답할 수 있지만 스마트폰, 인터넷, 그리고 주일마다 만나는 교회 친구들이 있다. 과거처럼 답답한 시골생활은 아니다. 대학등록금은 한국장학재단의 농어촌 특별전형 장학금을 신청할 예정이다. 입양 후에 수입도 늘어났다. 전공이 농업이고, 박사학위까지 취득하다 보니 종종 강의도 들어왔다. 주로 귀농 귀촌 대상자와 농업인들에 대한, 나의 전공인 오미자 재배 등 약용작물 재배기술에 대한 강의이다. 아들 둘을 키우다가 또 딸이 둘이나 생기니 솔직히 경제적인 부담을 더 느꼈다. 그래서 강의를 거절할 수 없었다.

입양을 하고 나니 주변에서 우리 가정이 어려울 것으로 알고 일부러 더 강사로 불러주는 것 같았다. 덕분에 우리 가정은 다은이 다혜 입양 후에 경제적으로 어렵다고 느끼지 못하였다.

입양 후 경제적인 부분은 각자 처한 환경과 여건에 따라 달라서 정답이 없다. 하지만 공통점 몇 가지를 소개한다. 입양은 완벽한 계획으로 시작할 수 없다. 때에 따라 부딪혀 보는 것이 중요하다. 욕심을 내려놓고 현실에 맞게 알뜰히 꾸려간다면 어렵지 않다.

첫 번째, 욕망에 만족함을 불어넣는다. 으리으리한 집보다 따뜻하고 행복한 집, 호화로운 식당보다 편히 먹을 수 있는 우리 가족만의 맛집, 눈에 띄는 외제차보다 안전하고 아이의 노랫소리가 들리는 자동차, 고액과외보다 부족한 부분을 채워주는 친절한 선생님과 같은 의미에 초점을 맞춘다면 더 자유롭다. 두 번째, 공공재 인프라를 잘 활용한다. 주변에는 아이에 대한 혜택이 생각보다 많다. 주민센터나 사회 복지사를 만나면 많은 정보를 줄 것이다. 공공재 인프라를 찾지 못할 뿐 놀거리, 볼거리 역시 많다.

옛 어른들이 자주 하는, '자기가 먹을 것은 자기가 가지고 나온다.'라는 말이 떠 올랐다. 미리 걱정 말고 아이들을 많이 낳으라는 뜻으로 생각하였다. 이는 저출산 고령화 시대에 지나친 사교육비 때문에 아이를 안 낳는다는 것과는 전혀 다른 내용이다. 돈 걱정 말고 아이를 낳으면 그 뒤는 누군가가 책임진다는 것을 나의 신조로 생각하게 되었다. 그리고 외부 활동을 하다 보니 세상 보는 눈이 생기게 되고 사람들과의 유대관계 형성도 자연스러워졌다.

똑같은 아이, 똑같은 애착 형성법

 여성 직원들과 이야기를 나눌 때면 남자아이 키우기가 힘들다는 말을 듣곤 한다. 보고 배워야 할 '남성상(像)'이 없다는 것이다. 아빠들은 회사 일 하느라 바쁘고 어린이집, 유치원에도 남자 선생님은 없고, 초등학교에도 남자 선생님이 귀하다. 보고 배울 남자가 없으니 미디어나 인터넷에 비친 남성상을 대신 배운다는 것이다.
 아이는 환경에 따라 영향을 받는다. 주변에 어떤 어른이 있는지에 따라 태도나 행동에 영향을 받게 된다. 주변에 남자어른 자체가 없으니 슬픈 현실이라고 할 수 있다. 남성 육아휴직과 정시퇴근이 법제화되어 슈퍼맨 아빠가 아닌 보통 아빠들의 손길이 닿길 희망할 뿐이다. 입양도 이런 문제에 직면해 있다. 최근 논의에서 입양아동 육아휴직 나이(초등학교 2학년)제한을 높이는 방안이 검토 중이다. 입양 활성화와 아이의 애착 형성이 쉽도록 사회적 공감대가 형성되었으면 한다.

태어난 지 얼마 안 된 아이에게 애착 형성은 중요하다. 생후 12개월 안에 애착 형성이 된다. 자존감과 사회생활에 영향을 미치며, 아이의 성격, 기질 등도 이 시기에 결정된다는 전문가 견해가 있다. 이때 아이와 수시로 눈 마주치고, 스킨십을 하는 부모의 사랑이 필요하다. 애착 형성은 아이에게 안정감을 주고 아이는 애착이 형성된 사람에게 신뢰를 보낸다.

영유원이나 고아원 시설 선생님들은 바쁘다. 아이들을 돌봐야 하고 이것저것 행정업무가 많다. 그만큼 자잘한 업무가 많다는 뜻이다. 한 아이를 한 번 더 안아주고, 이야기를 나누고 싶어도 돌봐야 할 아이들이 많다. 이런 환경에서 애착 형성은 쉽지 않다. 신생아 입양은 애착 형성을 빨리할 수 있다. 입양 후 2~3주부터는 입양아인 줄 모를 정도로 내 아이가 된다. 애착은 아이와 함께 보내는 시간에 형성된다. 몸은 피곤할지 몰라도 어른 역시 아이를 보면서 안정감과 행복감을 느낄 수 있다.

'시설에서 3년, 적응하는 데 3년'

연장아를 입양한 부모에게 통용되는 말이 있다. 아이가 시설에서 3년을 보냈으면, 시설증후군을 떼어내는 데 3년이 걸린다는 말이다. 아이는 애착 형성 시기를 놓쳐 사람을 경계할 때가 종종 있다. 입양부모를 경계하거나, 소리 지른다고 안타까워하지 말자. 시간이 걸릴 뿐 다시 보통의 아이로 돌아온다. 연장아 입양은 아이의 변화에 대해 쉽게 알 수 있다. 변화되는 모습을 보는 건 부모로서 기쁜 일이다. 연장아는 자기 영역이 없었던 곳에서 자라 입양 후에 차츰 자기 영역을 찾아 나간다. 아내와 나는 다은이에게 수시로 이야기했다.

"이건 다은이 거야!"

"이 방은 다은이 거니깐 마음대로 꾸며…"

다은이는 처음에는 경계하는 모습을 보였다. 하지만 시간이 흘러 차츰 자기 것으로 인식해갔다. 변화를 보이는 게 연장아 입양이다. 우리가 당연하게 여기는 걸 아이는 모르고 있다. 한 인간으로 성장하는 과정을 지켜볼 수 있기에 보람 있다. 연장아 입양은 시설에서 보낸 기간만큼 애착 형성에 시간이 걸린다. 일정 기간만 넘기면 보통의 아이로 자라난다. 입양아라고 하여 특별한 애착 형성 비법은 없다. 보통 아이들처럼 대하면 되고, 변화하는 모습에 감탄과 감사를 보내면 된다.

아이를 입양하겠다는 건 내 삶의 일부를 나누겠다는 뜻이다. 여러 가지로 바쁘겠지만, 아이가 크는 순간만큼은 함께 하자. 두 아들이 빨리 자라는 걸 보고 나서야 나는 두 딸을 키울 때는 달라져야 한다고 느꼈다. 그래서 필수 업무를 제외하고 야근을 하지 않았다. 야근을 안 하려면 업무 시간에 집중해서 일해야 했다. 커피타임을 줄이고,

잡담을 줄였다. 일찍 퇴근해야 딸들을 볼 수 있었기 때문이다. 회식 또는 기타 모임을 줄이면서 시간 낭비를 최소화했다.

인간관계 형성을 하지 못한 스트레스는 있었다. 하지만 딸들에게 뽀뽀하고 안아주는 순간, 모든 것이 녹아버렸다. 만약 입양을 결정했다면 거기에 따라 시간을 써야 한다. 사회 생활을 하면 바쁠 수밖에 없지만 시간 낭비를 줄일 수 있어야 한다. 아이만큼 어른을 성장시키는 건 없다. 애착 형성을 위해 그리고 부모의 성장을 위해 없는 시간이라도 만들자. 애착 형성은 시간과 비례한다. 아이가 성장할 때까지 함께할 시간을 만들자. 그것 역시 한 사람이 성장하는 데 필요한 위대하고 숭고한 일이다.

다은, 다혜 이야기
백치미 매력덩어리

 어제 주일 예배를 드리고 큰아들의 면회를 하러 갔다. 군대 근무지가 교도소였다. 문 앞을 가니 '경교'라는 모자를 쓴 멋진 오빠가 경례하며 다가왔다. 아들 이름을 대고 면회 왔다고 하자 문이 열렸다. 우리 차는 오빠가 있는 경비 교도대를 향했다. 모두가 들뜬 마음으로 가는데 다은이 말했다.
 "경교가 뭐야?"
 "경비 교도대 줄임말이야. 오빠가 경비 교도대니까 경교야."
 "맞아, 바보야. 작은 오빠도 경교야."

"누가 바보야? 작은 오빠는 군대도 안 갔거든. 아직 대학생이거든."

조금 침묵이 흐르고 까치 한 마리가 보인다.

"참새다."

"참새 아니거든."

"참새 아니고 까치야. 아무튼 우리 다혜 백치미 덩어리야."

오빠랑 외출을 해서 떡갈비도 먹고, 냉면도 먹고, 드라이브를 했다. 오빠를 데려다주고 오는데 갑자기 다은이가 탄성을 지른다.

"야! 벚꽃이다."

"어디?"

그런데 다은이가 손으로 가리킨 꽃은 하얀 목련이었다.

"저건 벚꽃이 아니고 목련꽃 봉우리야. 아직 피지 않은 목련. 벚꽃 피려면 아직 기다려야 해."

"맞아. 바보야."

"우리 딸들, 오늘은 백치미가 넘치는 날이구나."

오는 길에 자두나무와 철쭉꽃을 사다 심었다.

주변 사람들과 교류하며 자라게 하라

 보험회사 CF로 기억한다. 어린아이가 놀이터 미끄럼틀 위에서 아빠에게 손을 흔든다. 아빠는 아래에서 받을 준비를 한다. 아이는 미끄럼틀 위에서 내려오면서 어느덧 초등학생이 된다. 그리고 '아이는 정말 빨리 큽니다.'라는 내레이션이 나온다. CF처럼 아이는 정말 빨리 큰다. 그래서 연령별, 발육상태에 따라 필요한 것도 달라진다.

 1명의 아이에게는 엄마, 아빠, 친가조부모, 외가조부모 그리고 삼촌, 이모까지 포함하여 8명의 어른이 있다. 아이가 1명일 때는 최고급으로 이것저것 사준다. 한 자녀 정책을 고수했던 중국의 '소황제' 모습이다. 반대로 양육비용이 들다 보니 가격 대비 성능 좋은 '가성비' 트렌드를 찾기도 한다. 소황제와 가성비, 이 사이에서 부모는 고민을 한다. 입양한 부모도 마찬가지다. 아이에게 필요한 어떤 물건을 얼마나 사야 할까.

"다은 아빠, 집에 어린이 동화 많아요. 필요하면 가져가세요."

나는 딸들을 위해 차를 몰고 가서 동화책을 담아온다. 딸들은 책을 무척 좋아한다. 나를 닮은 것 같다. 차에 한가득 동화책을 싣고 오면 딸들은 기뻐한다. '인형의 집' 세트를 선물 받기도 했다. 딸 바보가 되니 주변에서 뭔가 주고 싶다는 사람들을 만나게 된다. 나는 공개입양을 했고, 누구보다 잘 키우고 싶었다. 종종 "언제 낳았어요?"라고 물어보면 나는 입양을 했다고 말한다. 사람들은 40대 후반에 딸 바보가 된 나에게 이것저것 지원을 해주었다.

식대, 기저귀, 의류를 제외하고 큰돈이 들지 않았다. 새

옷은 사줬지만, 장난감 등은 새것이 거의 없다. 대형마트에 가면 딸들은 장난감 코너 앞에서 걸음을 멈춘다. 그러면 아내는 "5,000원 아래로 사야 한다."라고 말한다. 딸들은 5,000원 아래의 장난감을 고르기 위해 생각에 생각을 거듭한다. 사실 아이들 장난감이나 책을 받는데 자존심은 아무 상관이 없었다. 나눠쓰고자 하는 분들에게 고마울 뿐이었다. 주는 입장에서 버리기 아까운데 인심 한 번 쓸 수 있으니 얼마나 좋은가.

나 또한 딸들이 성장하고 나서는 장난감과 책, 유모차 등을 다른 입양가족들에게 나눠주었다. 모든 부모는 아이에게 최고의 것을 베풀고 싶어 한다. 하지만 부자가 아닌 이상 한계가 있다. 아껴야 할 부분은 훗날 교육비로 저축하는 것이 좋다. 중요한 건 인색이 아니라 절약이라는 점이다.

인류를 하나로 묶는 스마트폰을 만든 스티브 잡스. 독서, 창의, 몰입, 경영 등 모든 분야에서 그의 삶을 적용하고 배우고 있다. 특히 그의 마지막 연설로 알려진 '스탠퍼

드 연설'은 수많은 젊은이들의 꿈과 야망을 불태웠다.

그는 1955년, 태어나자마자 독실한 기독교 신앙을 가진 농부 양부에게 입양된다. 양아버지의 직장이 사우스 샌프란시스코 산업단지 근처 주택으로 이사하자 주변 전자회사 사람들과 교류하며 자란다. 그때 애플 공동창업자인 스티브 워즈니악을 만나게 되고 자동차 차고에서 애플을 창업한다. 그는 성인이 되어 정치학 교수인 친아버지, 대화치료사인 친어머니, 작가인 여동생을 알게 됐지만 교류를 거의 하지 않고 양부모를 친부모로 여기며 살았다.

딸들을 입양할 때쯤 공동육아에 대한 사회적인 공감대가 형성되었다. 지금은 육아 문제를 모두의 책임으로 인식하고 있는 상황이다. 육아로 인해 도움이 필요하면 적극적으로 요청해라. 주변의 도움을 받을 수 있다. 주말을 딸들과 함께 보낼 때면 우리 가족은 자주 도서관에 간다. 어느 지역이든 문화행사가 많다. 직원에게 묻고, 적극적으로 찾으면 괜찮은 프로그램이 있을 것이다. 도움을 받기 위해서는 키맨(Key Man)을 활용하는 것도 하나의 방법이다. 키맨 주변에는 사람이 많다. 도움을 요청하면 관련된 사람을 찾아준다. 아이를 지역 인프라를 활용하여 키우자는 공감대는 이제 우리 사회에 어느 정도 보편화되었다. 지역의 주변 사람들과 교류하며 자라게 하자.

입양 받아들이기 연습법

연예인 입양가족 중에는 차인표, 신애라 부부를 빼놓을 수 없다. 가족사에 대한 언론 노출을 꺼려서인지 부부는 입양에 대해 특별히 이야기를 하지 않았다. 모 프로그램에 나와 입양 사실을 말한 적은 있다. 부부는 아들을 낳고 입양을 계획했다고 한다. 입양기관에서 봉사활동을 하던 중 TV에 밥 먹는 장면이 나왔다. 그때 한 아이가 "밥 먹고 싶어요."라고 하자 신애라는 "여기 밥 있잖아."라고 말했다. 아이는 "아니요. 식판에 있는 밥 말고요."라고 했다는 것이다.

　이 말에 그녀는 줄곧 울었고 결국 눈에 밟힌 아이를 입양한다. 그 아이가 둘째 아이였다. 셋째 아이는 입양계획이 없었는데 봉사활동을 갔다가 우연히 한 아이를 보게 되었다. 시설에 있던 아이는 여건에 따라 이리저리 옮겨 다녔다. 그게 또 그녀의 눈에 밟혀 결국 입양을 결심하게 된다. 지금 부부는 아이들과 함께 미국에서 생활을 하고 있다. 예전부터 봉사활동과 선행으로 유명했던 부부이다.

　'식구(食口)'라는 말은 '함께 밥 먹는 사람'이라는 뜻이다. 그리고 '함께 잠자는 사람'이다. '밥과 잠' 두 가지는 우리가 삶에서 완전 무장해제된 상태이다. 긴장을 완전히 풀고 있을 때 밥을 잘 먹고 잠을 잘 수 있다. 우리는 식구 앞에서 완전 무장해제를 한다. 학교, 직장에서 받은 긴장을 가정이라는 따뜻한 곳에 내려놓는다. 바깥 생활은 힘들어도 가정은 평화로워야 생활이 유지될 수 있다.

　열 손가락 깨물어서 안 아픈 손가락 없다. 배로 낳든 가슴으로 낳든 모두 같다. 입양한 아이가 보통의 사춘기, 입양사춘기로 아프다면 부모 역시 마음이 아프다. 여자아이는 사춘기가 빨리 찾아온다. 초등학교 3~4학년 사이, 남자아이는 중학생 정도에 사춘기가 온다. 입양사춘기는 보통의 사춘기보다 충격이 크다. 방법은 최대한 어릴 때 입양사실을 알리는 일이다. 인지능력을 갖는 4~5세 사이가 좋다. 4~5세 아이에게 입양 사실을 이해시킬 수 있는 방법은 크게 3가지다.

첫 번째, 함께 입양동화 읽기, 만화 보기다. 입양 관련 동화와 만화가 많다. 아이와 함께 읽으면서 자연스럽게 입양 사실을 말한다. "OO이도 OO이처럼 가슴으로 낳았어." 등과 같은 말을 해준다. 동화책을 보면 예쁜 그림과 아름다운 스토리가 아이의 마음을 사로잡는다. 아이는 주인공과 자신을 동일시하게 된다.

두 번째, 입양행사에 참여하기다. 행사에는 4~5살 또래 친구들이 많이 참여하니 아이는 즐거워한다. 계속 데리고 다니면 아이도 눈치를 챈다. 아이가 물으면 솔직히 대답하면 된다. 아이는 다른 아이들과 공통점을 찾고 서서히 받아들일 수 있다. 차츰 자라면서 자신의 특별함에 대해 알게 된다.

세 번째, 입양에 관한 대화 나누기다. 아이 생각과 부모 생각을 나눈다. 가슴으로 낳는다는 의미, 다른 부모가 있다는 것 등을 함께 얘기할 수 있다. 중요한 건 아이 말을 진지하게 들어주는 자세이다. 부모의 진지한 태도가 아이에게 진짜 속마음을 말하게 만든다.

입양 사실을 알고 있는 아이에게는 입양 관련 이야기를 편하게 할 수 있다. 훗날 찾아올 '정해진 운명'도 잘 받아들일 가능성이 크다. 그리고 다른 아이보다 성숙하게 지낸다. 아이가 입양 사실을 알고 난 후 영화나 드라마에 나오는 것처럼 일탈하는 모습은 소수에 불과하다. 대부분 일상을 유지하며 그대로 살아간다. 가슴 한편에 입양아란 사실만 알고 있을 뿐, 더 분발하여 살아가는 경우도 더러 있다. 입양이 삶의 자양분으로 바뀔 수 있도록 함께 해주자.

번개를 요청할 수 있는 입양모임 참여

입양가족에게 있어서 고립된 생활은 바람직하지 않다. 아이와의 갈등, 아이가 겪는 입양사춘기 등 갈등 요소가 있을 수 있기에 혼자 해결하려 든다면 고립감이 깊어진다. 이때 모임은 힘이 된다. 입양가족의 번개모임 공지는 네이버 밴드나 카카오톡 단체방을 주로 활용할 수 있다. 아내 핸드폰으로 단체 문자가 오면 긴급모임을 한다는 공지이다. 모임 장소는 전주동물원, 입양가족 모임 전북지회다.

아내는 두 딸과 함께 나간다. 입양사춘기를 앓고 있는

수현이 엄마가 주도한 모임으로 아이들이 북적인다. 수현이도 친구들이 모이니 즐거워하는 표정이다. 엄마들 또한 정보를 나눌 수 있는 자리이다. 번개모임은 딸들이 클 때까지 활용했다. 이제 큰딸은 커서 번개에 나가지 않는다. 둘째는 왕언니 역할을 하러 나간다. 번개모임의 최고참 격이다. 모임은 눈치 볼 사람도 없고, 말조심할 사람도, 경쟁심을 유발하는 사람도 없다.

같은 환경에 있는 친구들이 모이니 마음 편하다. 부모도 비슷한 목적을 가진 사람들과 만나니 편안하게 서로 도울 것을 찾거나 요청한다. 입양모임에서는 지역공동체와 함께 바자회를 열어 어려운 이웃을 도와주는 행사도 종종 벌인다. 또 봉사활동도 함께 다니며 이웃들에게 다시 사랑을 나누어준다. 아이들도 이런 공동체 행사나 봉사활동으로 느끼는 게 많다.

입양 관련 모임이나 단체 활동은 부모의 선택이라고 할 수 있다. 나의 경우 입양모임을 적극적으로 추천한다. 모임과 함께 하면 아이 키우기가 훨씬 쉽다. 선배 입양가족의 이야기를 들으면서 알게 모르게 지혜를 배울 수 있다. 우리의 경우 1년에 3번 정기 모임을 한다. 매년 5월 11일 입양의 날에는 서울에서 정기모임이 있어 전국의 입양가족들이 모인다. 규모 면에서 큰 행사이다. 많은 입양가족을 보면 든든한 기분이 든다. 그래도 전북모임처럼 실질적인 이야기를 나눌 수 있는 모임이 더 피부에 와 닿는다.

입양모임은 인터넷 카페 '건강한 입양가족 모임(http://cafe.naver.com/greenmpak)' 등에서 찾을 수 있다. 어렵다면 입양기관에 문의하면 지역 모임을 알려준다. 아이에게 용기와 즐거움을 주고 부모는 정보를 얻을 수 있는 곳이기도 하다.

아이 성장에 있어 '사회성'은 놓칠 수 없는 부분이기 때문에 사회성을 키우는 방법으로 활용한다. 아이에게 부모의 모임 활동을 보여주는 것이다. 아이는 모임이 자신과 연관된다면 더 흥미를 보일 수 있다. 모임을 통해 혼자가 아니라 많은 사람과 함께하고 있다는 것을 알게 된다. 입양모임을 한다면 네 가지의 참고 사항이 있다.

첫 번째, 가족 모두의 동의를 얻는다. 입양모임은 가족이 참석하는 행사가 많아 반대가 있다면 참석이 애매해진다. 모임의 필요성에 대해 서로 공감대를 형성하고 시작해라.

두 번째, 내 코드와 모임의 성격을 맞춰본다. 지역 모임, 기관별 모임, 나이별 등 모임의 성격은 다양하다. 자신의 코드와 맞는지 알아보자. 예를 들어서 나는 조용한 식사와 정보를 나누고 싶은데, 꼭 아이를 데리고 야외에 간다는 모임은 맞지 않다. 성격에 맞아야 길게 참석할 수 있다.

세 번째, 스케줄관리를 하며 참여하자. 한두 번 참여해서는 알 수 없다. 모임은 정기적인 날 만난다. 바빠도 모든 가족이 스케줄 관리를 하면서 참석하자. 처음에는 어색하고 불편할 수 있지만 딱 처음만 극복하면 된다.

네 번째, 강박적인 참여의식은 위험하다. 꼭 참여해야 한다는 강박적인 생각은 사람을 지치게 만든다. 자유로운 모임이라면 사정이 있을 때는 못 가거나 다음에 갈 수도 있다. 모임 때문에 스트레스를 받는다면 불편한 행사가 될 수 있다.

다은, 다혜 이야기
5월은?

    5월은 정말 좋은 계절이다. 모든 것이 희망차고 즐겁다. 그러나 우리 집 통장은 행사의 지출을 감당하기 힘들다. 어린이날을 맞이하여 다은이와 다혜의 선물로 세발자전거와 킥보드를 선물했다. 오늘은 어버이날이라 할아버지 선물로 모시메리를 선물해 드렸다. 스승의 날 선물로는 헤라 폼 클린징 3개를 주문했다.
    모레는 다혜의 생일이라 어린이집에 케이크를 사다 줘야 한다. 입양의 날 다은이의 밸리 댄스 공연을 위해서 새 옷을 맞춰줘야 한다. 이에 뒤질세라 큰아들은 치아가 아프다고 해서 치과에 갔는데 12만 원이란다. 일단 카드로 싹 긁고 사인을 예쁘게 해줬다. 어제 통장정리를 해보니 예상치 못한 작은아들 수학여행 경비가 인출된 상태이다. 맥이 팍 풀렸다. 5월이 왜 가장에게 잔인한 달이라고 하는지 이해가 간다.

그래도 5월은 입양의 날(5월 11일)이 있어서 좋다. 어린이날 홍보회 식구들과 함께하는 즐거운 시간이 좋다. 다은이와 다혜를 너무 예뻐하고 사랑해주는 선생님들에게 감사의 선물을 할 수 있어서 좋다. 아이들이 고사리 같은 손으로 직접 만든 꽃을 드리니 더 감동적이다. 다혜의 생일이 푸르른 5월이라 좋다.

5월은 정말 좋다. 텅 빈 통장의 액수만 빼고 말이다. 그래도 1년에 딱 한 달이다. 내가 할 수 있는 건 '주님, 채워주소서!'

큰 결정, 거주지에 대한 고민

정부는 올라가는 부동산값을 잡기 위해 각종 대책을 쏟아내고 있다. 하지만 불패 신화를 남기는 곳이 있다면 강남의 8학군일 것이다. 엘리트교육의 상징 같은 곳이 되었다. 새 학기가 되면 집값이 올라가는 기이한 현상이 벌어진다. 주변 환경이 아이 성적에 영향을 미치는 건 사실이다. 모든 부모는 좋은 환경에서 아이를 공부시키고 싶어 한다. 하지만 문제는 모든 아이에게 그런 혜택이 돌아가지 않는다는 점이다.

여기에 반전이 있다. 아이들이 줄어드는 지자체에서 교육에 지원을 늘려가고 있다는 것이 사실이다. 아이 한 명이 소중하니 점점 투자를 하고 있다. 강남 8학군 같은 곳은 될 수 없겠지만, 여느 도시 못지않은 교육환경을 만들기 위해 고군분투하고 있다. 우리 가족 역시 거주지 이동으로 혜택을 보고 있다.

내가 근무하는 직장은 전북도청 소속 농업기술원이다. 농업기술원에는 여러 연구소가 있는데 진안에 있는 '약용자원연구소'에 근무할 때 나는 진안으로 이사를 하였다. 처음에는 관사에서 2년쯤 살았다. 다은이 다혜에게 물어보니 10평밖에 안 되는 관사에 살 때가 가장 행복했다고 한다. 엄마 아빠와 24시간을 함께 살았으니 얼마나 행복했겠는가? 또 직원들이 두 아이를 얼마나 예뻐했는지 모른다.

자녀를 키우는 부모의 마음은 누구나 똑같다. 그 후에 동료의 소개로 아예 조그만 땅을 사고 조립식으로 아담한 시골집도 지었다. 물론 작은 텃밭도 가꾸었다. 처음 이사하였을 때 아이들은 '왜 시골로 이사를 왔어요?'라며 의아해하였다. 그러나 나는 농촌에 대한 믿음이 있다. 우리 다은이와 다혜는 사실 인간에 대한 근본적인 뿌리가 약하다. 이때 농촌에 대한 깊은 뿌리를 갖게 되면 성인이 되었을 때 '고향'이라는 개념이 자연스럽게 형성되어 정체성이 확실하게 자리 잡게 될 것으로 생각하였다.

도시에 살다가 시골에 살게 되면 힘든 점이 있다. 근처에 농협이 운영하는 마트가 있긴 하지만 전주에 자주 나가야 한다. 다행히 전주 시내와는 20여 분 거리라서 아이들도 버스 타고 30~40분쯤이면 시내에 갈 수 있다.

온 가족이 이사를 하고 나니 출퇴근 거리가 가까워지면서 여유가 생겼다. 퇴근 후에는 텃밭을 가꾸거나, 가족의 먹거리를 위해 틈틈이 일을 했다. 이사를 하면서 간절했던 바람은 다혜의 아토피가 낫는 것이었다. 아토피로 오랫동안 고생했던 다혜는 다행히 흙을 만지고 산 밑의 맑은 공기를 마시면서 깔끔하게 치료되었다. 이사한 것 중에 가장 큰 보람이라고 할 수 있다.

동네에서 아내의 호칭은 '새댁'으로 통했다. 어르신이 많고 아이들이 어려 아내를 새댁으로 본 것이다. 두 딸은 언제 어디서나 주목을 받았다. 시골로 이사하면서 놀라웠던 것은 교육여건이었다. 아이가 적어 소수과외 같은 느낌을 받았다. 또 영화에서나 볼 수 있는 스쿨버스가 있다. 지자체 지원으로 딸들은 바이올린과 플루트를 배우고 있다. 여기는 다문화 가족, 조부모 가족, 한 부모 가족 등 다양한 가족이 있다.

영어교육은 전국 초, 중, 고등학교와 같이 현지강사로 채용되어 있다. 방학 때는 각종 캠프 지원이 많다. 어느 것 하나 부족할 게 없다. 고등학생이 된 큰딸은 기숙사가 있는 학교에 다니며, 작은딸도 마찬가지가 될 것 같다. 딸들은 공부에 집중할 시기이다.

거주지를 옮긴다는 건 쉽지 않다. 만약 교육적인 문제로 망설인다면 걱정을 내려놓길 바란다. 지자체에서는 지원이 늘어가고 있다. 아이가 많지 않은 곳에서는 동네 사람들의 사랑을 독차지 할 수도 있다. 귀농, 귀촌에 관한 교육과 정부 지원도 많아지고 있다. 지자체 홈페이지를 참고하면 좋을 듯하다. 단 출퇴근 거리는 고려하여야 한다. 혹자는 텃세에 대해 걱정을 하기도 한다. 시간을 두고 이웃과 잘 지내는 방법을 찾는 게 현명하다.

마을 공동체와 함께하기 위해서는 첫째로 인사를 잘해야 한다. 아이 교육 측면에서도 그렇고 인사하기가 중요하다. 인사하여 손해 볼 것 없고 인사받아 기분 나쁠 어르신은 없다. 다음은 마을 행사에 적극적으로 참여해야 한다. 마을행사에는 언제나 일손이 부족하다. 분명 도와줄 부분이 있다. 마을 사람들과 유대도 형성하면서 마을 현황에 대해 알 수 있다. 마을행사에서 음식도 나르고, 이것저것 일손도 돕자. 마을 공동체에 자연스럽게 녹아들 수 있다.

베이비붐 세대가 은퇴를 하면서 귀농, 귀촌이 유행이다. 하지만 많은 사람이 정착하지 못하는 데는 여러 가지 이유가 있다. 가족이 함께라면 정착하기에 수월할 것이다. 이런 점에서 나는 운이 좋다. 아내와 아이들이 찬성하고 도와줬기 때문이다. 만약 도시에서 시골로 오겠다면 지자체 지원 프로그램을 적극 활용하자. 도시와 다른 환경이 아이는 물론 가족에게 새로운 기회가 될 수도 있다.

21세기 부모로 무장하기

아빠는 사실상 육아에 무방비 상태이다. 그러다 아이가 세상에 나올 때 실감하게 된다. 입양도 그러하다. 입양을 결정하고, 서류제출, 심사 등을 기다릴 때는 무방비 상태라서 실감이 나지 않는다. 아이와 맞선을 보고 집에 데려가는 순간부터 육아가 시작된다. 그래서 아이가 있든, 없든 육아교실을 찾아 준비를 해두는 것이 좋다. 아이는 어른보다 눈치가 빨라 육아의 어색함을 먼저 느낀다. 아이 역시 적응해가려고 노력하는 것이다. 부모로서 육아 관련 책을 읽거나 강의를 찾아 듣는다면 훨씬 적응이 빠를 것이다.

한 번은 다혜에게 힘든 때가 언제인지를 물었다. 성적이 떨어지거나, 학교에서 친구들이 놀릴 때라고 말할 줄 알았다. 그런데 돌아온 대답은 의외였다.

"엄마, 아빠가 싸울 때요."

부부는 아무리 소통이 잘되어도 싸울 일이 있다. 우리는 최대한 티 안 내고 싸웠는데, 아이는 냉랭한 분위기를 눈치채는 것이다. 엄마, 아빠가 싸울 때 힘든 건 그 싸움이 혹시 자기 탓이 아닐까 생각하기 때문이다. 여자아이들 눈치는 어른보다 빠르다. 싸워도 아이가 있을 때는 피해야 하고, 티를 내면 안 된다. 부부 싸움의 최대 피해자는 아이라는 사실을 알자.

눈치 빠른 아이는 아빠가 놀아주는 것도 대충 시간만 보내는 것인지, 제대로 놀아주는지 잘 안다. 이왕 놀아주려고 시간을 냈다면 제대로 놀아주자. '어린 시절로의 회귀'이다. 레크리에이션 강사인 지인은 행사 때 아이보다 어른들이 율동을 더 잘 따라 한다고 했다. 늘 긴장해야 하는 어른들도 놀 때는 재미있게 논다. 인터넷에는 아이와 노는 아빠들의 사진이 나온다. 물총 놀이에 아빠들이 더 신난다. 내리막 세발자전거 놀이에 아빠들이 먼저 빠진다. 함께 논다는 사실만으로도 아이에게 신뢰를 줄 수 있다.

아이들과 잘 놀아주거나 IT 기기를 다루는 것에서 젊은 부부를 따라갈 수는 없다. 아내는 키즈 카페가 처음 생겼을 때 흥미로운 듯 이런저런 이야기를 해주었다. 안전요원과 대형스크린이 있고 아이돌 뮤직비디오가 나온다고 했다. 부모들은 아이 사진 찍기 바쁘고, 할머니를 제외하면 아내의 나이가 제일 많은 것 등이었다. 키즈 카페 방문 후에 우리 부부는 다양한 체험을 해주는 멘토링, 캠프 등에 참여시킬 방법에 대해 의논을 했다. 한번이 어렵지, 계속 하다 보면 점점 쉬워진다.

양육 관련 정보, 육아물품 등은 유행에 민감한 편이다. 그것을 모두 따라 할 수 없지만 배우려는 시도는 해야 한다. 시대에 맞게 육아도 변화되어야 한다. 인터넷 카페나 블로그에 유용한 정보가 많겠지만 체계적인 정보와 팁은

책에 더 많다. 젊은 엄마들이 쓴 육아 관련 책이 그것이다. 당장 활용할 수 있는 노하우부터 애착 형성법, 홈스쿨링 등 교육정보가 있다. 전문가들이 쓴 책은 어려울 수 있으니 기초 지식을 쌓고 읽는 것이 좋다.

　EBS <아이의 사생활> 등 아이와 관련된 다큐를 보는 것도 하나의 방법이다. 2000년대 초 우리 부부가 딸들을 키울 때는 이런 좋은 프로그램을 알지 못했다. 미리 봤더라면 아이를 보는 시선이 달랐을 것이다. 유튜브 등에서 찾아봐도 된다. 육아 무방비 상태에서 갑자기 아이가 생기면 당황할 수 있다. 아이 키우기에는 연습이 없고, 오직 실전만 있다. 이 간극을 줄이는 여러 가지 방법을 배우자. 21세기 부모는 고학력과 정보로 무장한 부모들이다.

다은, 다혜 이야기
딸 울리는 아빠

　요즘 남편이 매일 야근을 하는 바람에 딸들이 잠 들었을 때 들어온다. 오늘은 서울로 출장을 가더니 모처럼 일찍 들어왔다. 딸들이 난리이다. 다혜는 아빠 등에 올라탔다. 다은이는 자기의 실력을 보여주고 싶은지 학교에서 내준 숙제를 아빠와 함께 풀었다. 초등학교 1학년 문제가 왜 그리 어려운지 우리는 한참 헤맸다.

　'부족한 점을 말할 때 옳지 않은 것은?'이라는 문제가 나왔다. 우리는 한참 보고 나서야 그것을 이해할 수 있었다. 수학문제도 왜 그리 난이도가 높은지 풀기 어려웠다. 날마다 백 점을 맞아야 직성 풀리는 우리 딸은 아빠에게 점수를 매기란다. 아빠의 75점이란 말이 떨어지자마자 다은이는 눈물을 뚝뚝 흘린다.

　나는 남편에게 눈치를 주었다. 어려운 문제를 설명해주고 다음 문제를 풀게 해야지, 무조건 빨간 색연필로 찍찍 그어댔으니 말이다. 다은이는 아빠에게 잘 보이고 싶었는데, 정말 자존심이 상했을 듯하다. 남편은 눈치 없이 정답을 바꾸고 90점으로 고쳤다. 아빠의 태도에 속이 상했나 보다. 다은이는 다시 한번 거실에서 통곡을 했다.

　딸들의 마음도 몰라주고 아내의 마음도 전혀 몰라주다니…. 그래도 아빠만 나타나면 세 여자는 미주알고주알 서로 자기들의 이야기를 하기에 바쁘다. 남편은 피곤했는지 어느새 코를 드렁드렁 골며 잠이 든다. 남편의 어깨에 '피곤함'이 보인다. 회사생활도 힘들고, 세 여자 때문에 힘들다. 세 여자는 허전한 마음으로 각자 잠을 청한다.

chapter 5
아이를 위해
사회가 해야 할 일

현실에 맞게 바꿔야 할 입양특례법

임신은 축복이고, 한 생명을 만드는 숭고한 일이다. 하지만 임신한 미혼 여학생이 있다면 어떨까. 축복은커녕 부모나 주변 어른들에게 임신 사실을 말하지 못할 것이다. 이때 사회기관에 도움을 요청하는 게 '사회 안전망'이 된다. 부모에게 임신 사실을 숨기더라도 복지기관에는 도움을 요청할 수 있다.

만약 입양을 선택한다면 입양동의서를 제출해야 한다. 여기에서 문제가 생긴다. 입양동의를 위해서는 아빠의 동의가 필요한 것이다. 만약 여학생이 미성년자라면, 부모의 동의도 필요하다. 보호자가 있어야 하기 때문이다. 미혼모의 아이 아빠 소재도 불분명하고 부모와 이런저런 이유로 연락이 닿지 않는다면 입양은 불가능하다.

입양이 안 되면 아이 엄마는 가족관계증명서에 혼외자녀 기록이 남는다. 이것은 영원한 기록이 된다. 한 번의 실수로 혼외자녀를 둔 여성으로 살아야 하는 것이다. 이 모든 절차는 입양특례법에 따라 시행된다. 숨기지 못하게 법으로 명시되었기에 미국, 유럽처럼 미혼모가 아무런 문제 없이 아이를 키울 수는 없다. 이 점에서 국가적인 지원이 필요하다. 현재 입양특례법은 미혼모, 미혼부의 동의가 필요하다.

입양이 어려워지면서 신생아 유기사건과 베이비 박스로 가는 아이들이 늘고 있다. 입양특례법이 시행된 2012년부터 더 그러하다. 경찰청 통계에 따르면 영아유기 발생은 2010년 69건, 2011년 127건이었다. 입양특례법이 시행되고 1년 후인 2013년에는 225건으로 급증했다. 2015년부터 다시 늘어나 2016년에 106건이다. 베이비 박스 이용도 점점 증가하는 추세이다. 이것은 임신 사실을 숨겨야 하는 미혼모들의 절박한 현실을 보여주는 통계이기도 하다. 이러한 선택을 하게 만드는 데 입양특례법도 일조를 하고 있다. 미혼모가 아이 키울 환경을 만들지 못하는, 혈연을 강조하는 모순된 우리나라의 현실인 것이다.

'행복한 부모가 행복한 아이를 만든다.'

이것은 누구나 알고 있는 말이다. 임신 사실을 알려야 한다고 법은 정해져 있다. 하지만 비밀을 보장받고 싶어 하는 미혼모가 있다. 입양특례법에 따라 입양절차는 복잡해져 '영혼까지 털린다.'고 말할 정도이다. 입양 절차가 까다로운 건 나쁘지 않다. 하지만 입양의지를 꺾을 정도로 피로감을 주면 안 된다.

입양특례법이 시작된 후 통계적으로 봐도 입양은 현저하게 줄어들고 있다. 2017년 보건복지부 통계에 따르면 '가정 중심 보호율'이 2012년 55.4%에서 16년 40%로 하락했다. 즉 아이는 가정이 아니라 시설에서 자라고 있다.

입양특례법 제7조에는 '국내입양 우선 추진'이 명문화되어 입양 안 된 아이는 시설로 보내진다.

입양특례법 이후 입양을 희망하는 사람은 점점 줄어들고 있다. 가정 중심 보호율 감소가 이것을 잘 보여준다. 국내입양을 활성화해야 할 법이 오히려 활력을 떨어뜨려 많은 입양가족을 불행으로 모는 것이다. 그 한 가운데 '헤이그국제아동입양협약'이 있다. 이런 협약을 핑계 삼아 입양가족의 목소리를 무시하는 현실이다.

입양특례법은 '입양은 아동 이익이 최우선이 되도록 하여야 한다.'라고 말한다. 그러면 아동의 이익이란 무엇일까? 미혼모 또는 미혼부라도 따뜻한 가정에서 아이가 자랄 수 있도록 도와줘야 한다. 부득이 입양하게 된다면 미혼모, 미혼부가 추구하는 걸 도와줘야 한다. 그것은 바로 비밀보장이고 빠른 입양이다. 입양이 결정 난 아이는 최대한 빨리 시설에서 벗어나 입양가족의 품으로 가야 한다.

어떤 관점으로 보느냐에 따라 세상을 바라보는 시각은 달라진다. 몇 번의 불행한 일 때문에 모든 입양가족을 같은 시선으로 바라보는 것은 위험한 발상이다. 이런 현실 때문에 개정안을 끊임없이 재기하고 있다. 특히 몇몇 정치인과 사회 지도자가 불행한 사건만 모아서 입양특례법의 일부 개정을 추진하고 있다.

   입양가족의 철저한 심사는 전제로 하되 기간 단축, 요건 완화 등 현실적인 방법을 동원해야 한다. 친생부모, 입양부모, 영유아 유기와 베이비 박스 그리고 당사자들의 목소리는 통계와 입양특례법 취지가 맞지 않음을 잘 보여준다.

정부주도 입양, 로망과 현실 사이에서

 2017년 겨울, 경남 김해의 한 고시텔에서 45살 남성이 서늘한 주검으로 발견되었다. 8살 때 노르웨이로 입양된 얀 소르코크로, 한국이름은 채성우란 남성이었다. 그는 2013년에 한국으로 왔다. 홀트아동복지회 등을 오가며 친부모를 찾았으나, 33년이 넘은 탓에 기록이 없었다. 괴로워하던 그는 술에 의존해 살았다. 홀트아동복지회는 그의 건강을 우려해 심리치료를 권했지만, 치료를 받지 않았다. 허약한 몸에 술까지 매일 마셔 당뇨합병증으로 죽게 되었다.

그는 건강을 염려한 홀트아동복지회의 치료 권유를 무시하고 45세 이른 나이에 죽음에 이르렀다. 얀의 죽음 원인 중에는 부모를 못 찾은 상실감이 컸다. 만약 친생부모에 대한 여러 가지 기록이 있었다면 분명히 찾았을 것이다. 당시에는 입양에 대해 체계적으로 관리하는 시스템이 부족했다.

만약 친생부모의 기록이 많았다면 죽음을 피할 수 있었을까? 부모를 찾았다 해도 친생부모는 얀을 만나줬을까? 만약 얀이 홀트아동복지회의 조언을 받아들여 적극적으로 심리치료를 했다면? 얀의 입양이 민간이 아닌 정부 주도였다면 그가 건강했을까? 그의 죽음은 많은 문제를 생각하게 한다.

입양 절차 대부분은 민간기관에서 주도를 하고 있다. 현재 정부는 법원허가만 관여를 한다. 절차상 한번이지만, 이 관여 이후 국내입양은 급격하게 줄었다. 2012년에는 1,880건에서 2016년에는 880건으로 줄어 많은 아이들이 시설에서 자라고 있다. 단 한 번의 관여로 어려워진 국내

입양이 국제기준에 맞춰 개정을 앞두고 있다. 바로 정부주도의 입양이다.

해외입양은 입양 과정에서 아동의 인권을 보호하고 입양에 의한 유괴, 인신매매 방지를 위한 국제입양 절차와 요건을 채택한 다자 간의 협약이다. '헤이그국제아동입양협약(이하 헤이그협약)'이 그것이다. 우리나라는 입양아동 안전 및 권익보호를 위해 2013년 서명해 국회에 비준된 상태이다. 헤이그협약에 들어가기 위해 입양특례법 일부 개정을 추진 중이다. 이 협약은 해외입양아동의 보호와 인권에 필요한 협약이기에 좋은 취지와 목적이 있다.

물론 입양가족은 헤이그협약을 찬성한다. 하지만 협약에 가입하겠다는 핑계로 하고 있는 입양특례법 일부 개정에 대해서는 반대를 한다. 입양아를 받아들이는 국가에서는 해외입양부모의 구체적인 사항을 보고서로 받아볼 수 있다. 입양 받는 국가는 아동의 입양 적합성을 고려한 아동보고서를 받는다. 제각각 다른 입양 관리를 통합하자는 의미이며 해외입양 과정에서 생기는 문제를 사전에 방지한다는 의미이다. 분명 좋은 취지의 협약이다. 이미 98개

국가가 이 협약을 지키고 있다. 입양특례법 일부를 개정해야 우리나라도 협약에 들어갈 수 있다.

2018년 현재, 입양가족들은 헤이그협약이 아니라 입양특례법 개정안에 반대하고 있다. 입양특례법 첫 시행부터 반대해왔다. 입양특례법으로 입양 활성화가 줄어들어 아이들이 시설로 보내질 것이 뻔하기 때문이다. 전 세계인이 좋다 하여 우리나라도 좋다고는 할 수 없다. 이유는 '특수성' 때문이다. 특수성을 고려하지 않으면 피해자가 나올 수밖에 없다.

우리나라는 혈연이 뿌리 깊다. 입양을 보는 시선이 개선은 되고 있지만, '자연스러운 구성원'으로 보는 절대다수의 사람들이 더 많아져야 한다. 입양특례법 적용 후에는 공개입양을 해야 한다. 공개입양을 꺼리게 되면서 입양이 줄어든 것이다. 이런 현실은 우리나라의 특수성일 것이다. 우리나라는 아직까지는 입양을 비밀로 하고 싶어 한다.

협약을 위한 입양특례법 개정에는 입양부모 정보를 공

개해야 하는 부분이 있다. 개정안은 해외입양아만 해당된다. 국내 친생부모나 형제자매가 해외입양가족의 정보공개를 청구할 수 있다. 입양기관은 열람을 시켜야 한다. 정보공개 개정안은 해외입양아에 한해서 한다지만, 친생부모나 형제자매에게 입양부모를 공개하는 발판이 마련되는 셈이다. 만약 헤이그협약이 바뀌면 해외입양아에 한해 공개한다는 법을 국내입양아에도 포함시킬 수 있다. 법이 바뀌지 않는다고 누가 장담할 수 있을까?

우리나라는 이 협약에 들어가기 위해 많은 입양가족 의견을 무시한 채 입양특례법 개정안을 강행하고 있다. 만약 힘들게 들어간 협약을 유지하는 데 '국내입양가족 정보도 공개해야 한다.'로 협약이 바뀌게 되면 입양가족은 친생부모, 형제자매에게 모든 걸 공개해야 한다. 입양가족 입장에서는 입양에 대한 편견이 많은 한국의 특수성을 고려하지 않을 수 없다. 법부터 바꾸고 보자는 식은 입양가족을 무시한 처사이다.

더욱이 기존 입양특례법은 전면개정을 준비하고 있다. 입양가족에게 헤이그협약에 가입하기 위한 입양특례법 일부개정은 황당하기 그지없다. 입양가족이 바라는 정부역할은 민간기관의 일탈을 감시하고 입양 관련 교육 강화와 함께 혈연 중심 사회에서 다양한 가족을 인정하는 범국민적 인식개선이다. 또한 입양아를 줄이기 위한 미혼모 지원과 청소년 성교육 등 근본적인 역할이다.

다은, 다혜 이야기
엄마의 위기

 요즘 들어 엄마의 자리가 위기에 몰렸다. 다은이와 다혜를 키운다는 핑계로 거의 3년 동안 반찬가게 신세를 졌다. 아빠는 직장에서 먹는 밥이 더 맛있다고 말한다. 오빠들도 학교 밥이 더 맛있다고 한다. 다은이만 엄마가 해준 밥이 최고라고 말한다. 다은이 말이 진짜인지 모르겠다. 엄마 기분 맞춰주려는 것은 아닐까. 속 깊은 딸이다.
 위기에 몰린 엄마는 오랜만에 시장에 다녀와 소 불고기, 조기구이 요리를 하고 나물 무치고 조개된장국도 맛있게 끓였다. 조림종류는 반찬가게에서 사 온 것을 접시에 담아서 저녁밥상을 차려내니 온 식구들의 입이 찢어진다.

"당신, 이래도 직장 밥이 더 좋아?"

"아들, 이래도 학교 밥이 더 나아?"

"김다은, 김다혜! 어린이집 밥이 맛있어? 엄마가 해준 밥이 맛있어?"

엄마는 무섭게 물었다. 우리 가족은 웃으며 "엄마 밥이 좋아, 우리 집 밥이 더 맛있어."라고 했다. 딱 여기까지만 말했으면 좋은데 다은이가 "매일 이렇게만 해주면 좋겠다." 하는 것이 아닌가. 이렇게 점수를 얻은 엄마는 3일만에 결국 포기를 했다. 주부의 걱정 중 가장 큰 걱정은 '무엇을 차릴까?'일 듯하다.

'그래 까짓것, 학교 밥이 더 좋으면 학교 밥 실컷 먹고, 직장 밥이 좋으면 직장 밥 실컷 먹으라고 하지 뭐.'

정말 쿨한 엄마이다. 아빠만 이렇게 말한다.

"엄마 다음으로 당신이 해준 밥이 최고야!"

월 15만 원보다 더 필요한 건

평범한 주부가 가수의 꿈을 찾아가는 영화 <댄싱퀸>에는 서울시장 후보로 배우 황정민이 나온다. 기존 정치인들 속에서 자기 색깔을 드러내며 지지를 얻는다. 영화는 대한민국의 육아 현실을 꼬집는다. 연설을 하는 황정민은 "월 20만 원 더 줄 테니 애를 더 낳으라고요?", "분유 한 통에 얼마인 줄 아세요?" 같은 말을 한다. 육아 현실과 동떨어진 정치 세계를 꼬집는다.

영화 주인공의 말처럼 정부가 이것저것 지원을 해주고

있다지만, 피부에 와닿지 않는 지원은 공허한 울림이 되고 만다. 일반 사람들이 아이를 안 낳는 이유는 지원금 문제가 아니라 더 많은 관심과 실질적인 정책의 부재 때문일 것이다. 그리고 그에 따른 이행, 감시가 아닐까.

정부에서 입양가정에 대해 지원을 주는 게 있다. 큰 범위에서 정리하면 다음과 같다.

첫째, 입양수수료로 보건복지부 허가기관인 경우 270만 원, 지자체허가기관인 경우 100만 원.
둘째, 양육수당은 만 15세 전까지 월 15만 원.
셋째, 의료급여로 만 18세 전까지 의료급여 1종.
넷째, 심리치료지원 만 18세 전까지 월 20만 원 한도.

그 외의 지원과 장애아동 입양 지원은 별도로 마련이 되어 있다. 치료나 상담을 받지 않으면 월 15만 원이 지급된다. 크다면 크고, 작다면 적은 금액이다. 월 15만 원을 받기 위해 입양하는 경우는 없다. 만약 아이가 입양이 안 되어 시설로 보내진다면 2014년 기준, 시설에서는 월평균

128만 원의 지원을 받게 된다.

아이를 키우는데 경제적인 잣대를 들이밀 수는 없지만 복지나 정책에는 돈이 든다. 보편타당하고 합리적인 예산 사용이 중요하다고 볼 수 있다. 그런 역할과 감시를 하는 게 시민들의 권리이자 의무일 것이다. 만약 입양이 100% 이루어진다면 큰 비용을 아낄 수 있다. 아낀 비용을 다른 복지에 사용하면 된다. 그래서 입양 활성화는 반드시 필요하다.

입양가족에게는 월 15만 원의 금전적인 부분이 전부이다. 이것은 정부의 관심과 지원을 보여준다는 의미이다. 입양가족을 정부에서 보호하고 있다는 것에 더 의미를 둘 수 있다. 하지만 입양가족이 더 필요한 건 지원금액이 아니라 더 많은 관심과 소통이다. 그리고 소통 이후의 실질적인 행동이다.

입양특례법으로 입양에 관해 관심이 집중되는 요즘, 그나마 다행이라고 생각한다. 관심이 많을수록 다양한 의견과 더 좋은 대안이 나오기 때문이다. 토론장과 모임에 와서 입양가족의 말을 직접 들어봐야 탁상행정이 되지 않을 것이다. 친생부모의 이야기, 자기표현을 할 수 있는 나이 때의 입양아를 만나봐야 한다. 피부에 와닿는 정책은 이렇게 탄생할 수 있다.

나 역시 공직에 있다 보니 공직자들이 얼마나 바쁘고, 힘든지를 잘 알고 있다. 하지만 입양은 우리가 입이 닳도록 외치는 '아이는 우리의 미래이다.'의 한가운데 있는 문제이다. 입양에 관련된 모든 사람을 만족시키는 정책을 만들 수는 없지만, 무엇이 아이를 위한 일인지 판단하고, 현장의 목소리를 듣는 정책이길 바란다. 입양가족이 원하는 건 금액이 아니라 관심과 진정성인 것이다.

이 책을 쓰는 내내 생각이 많았다. 딸들은 커가면서 입양에 대해 받아들이는 게 어릴 적 같지 않다. 철이 들었을 수 있고, 세상의 현실에 눈을 뜬 것일 수도 있다. 책에 딸들의 입장보다 내 욕심이 들어간 게 아닌가 하는 생각도 들었다. 하지만 조금 더 많은 사람이 입양을 알게 되고, 시설에서 부모의 손길을 기다리는 단 한 명의 아이라도 따뜻한 가정에서 자라게 하는 게 우선이라고 생각한다.

'아이가 우리의 미래라면 입양아도 우리의 미래이다.'

무엇이 아이를 위한 일인지 현명한 지혜가 필요하다. 입양 관련 의견이나 현실을 듣고 싶다면 나를 포함한 많은 입양가족에게 다가가라. 입양가족은 언제든지 열려 있다. 입양가족에게 월 15만 원보다 진심을 느낄 수 있는 대화와 소통을 했으면 좋겠다. 그것이 우리 부부와 아이들, 그리고 수만 명의 입양가족에게 진정 필요한 일일 것이다.

소수 일탈을
전부라고 판단하는 성급함

　야무진 이미지로 사랑을 받는 방송인 김숙. 그녀가 아이를 안고 있는 사진이 전시되었다. 김숙 말고도 이준기, 김정은, 이민호, 최지우 등 모두 아이를 안고 사진을 찍었다. <사랑의 전시전>이란 이름으로 입양 인식개선을 위해 사진을 찍은 것이다. 입양홍보회에서 입양 관련 바자회를 열면 많은 연예인들이 도와준다.
　입양에 대한 인식이 개선되는 것 같아 의미가 깊다. 이런 긍정적인 일과 함께 입양가족을 안타깝게 하는 것이 있다. 인식개선을 위한 활동은 오랜 세월이 필요한 반면 입양에 대한 부정적인 소식은 쉽고 빠르게 번진다는 점이다.

공직자는 시민이 낸 세금으로 월급을 받는다. 그래서 모든 시민이 고객이자, 사장님이다. 그들은 친절교육, 서비스 교육, 청렴교육 등 일 년 동안에 여러 교육을 받는다. 시민에게 더 친절하고 프로정신으로 다가가기 위한 것들이다. 하지만 수십만 명이 넘는 공무원이 있다 보니 사건, 사고가 잦다. 이런 일이 언론에 보도가 되면 일반 사람들은 "OO 시청, OO 부서, OOO 주무관이 나쁜 사람이네!"가 아니라 "공무원이 거의 그렇지." 하고 말한다.

사건, 사고가 터지면 본질을 읽고, 전체의 문제인지, 개인의 일탈인지를 먼저 생각해봐야 한다. 하지만 대부분의 사람들은 성급하게 전체의 문제로 단정해버리곤 한다. 복잡한 걸 싫어할수록 본질을 읽지 않고 쉽게 판단한다. 그러하니 선의의 피해자 나올 수밖에 없다. 1% 미만 공직자의 일탈로 99%의 공직자가 비난을 받기도 한다.

입양 관련 사건, 사고 역시 비슷한 현상이 발생한다. 제출서류, 복지사의 가정방문, 판사의 판결 등 2중, 3중으로 입양부모를 선정해도 사고, 사건을 원천적으로 차단할 수는 없다. 소수 중 소수의 입양부모가 폭력 등을 저지른다. 언론은 오직 입양부모의 폭력만을 부각시킨다. 이런 사건에 네티즌들은 자기 댓글을 달기에 바쁘다. '입양을 한 이유가 무엇인지 궁금하다', '때릴 거면 왜 입양했냐?' 등 비난이 쏟아진다.

소수의 일탈을 전체로 보지 않았으면 한다. 일탈이 일어났다 해도 본질을 볼 수 있는 혜안을 가졌으면 한다. 원인을 찾고 그것을 개선하는 것이 성숙한 시민의 자세이다. 또한 시설에 있는 아이는 안타까워하면서도 시설을 벗어나 가정에서 키우는 입양아와 부모를 편견으로 보는 건 앞뒤가 안 맞는 모순이다. 많은 입양부모를 만나보면 긴장감을 달고 산다고 한다. 아이에게 했던 말과 행동이 타인에게 오해를 살 수 있기 때문이다. 편견이 만든 피로감이다. 세상에는 편견을 깰 수 있는 훌륭한 사례도 많다.

미국 젊은이들의 로망 중 하나는 로즈 장학생에 선발되는 것이다. 대학 졸업 후 해외 유수 대학에서 공부할 기회를 얻게 된다. 장학금과 생활비는 물론 명성에 맞는 대우도 받는다. 자키리 배틀스(한국이름 이정남)는 한국의 중산층 가정에서 태어났지만, 선천성 시각장애인이라는 이유로 부모에게 버림받는다. 그 후 1983년, 장애인만 입양해온 음악교사 리처드 배틀스 부부에게 입양되어 미국으로 간다.

자키리 배틀스는 양부모 도움으로 특수교육을 받고 컴퓨터의 매력에 빠진다. 고등학교 진학 후 'A'를 놓치지 않고 공부에 두각을 내어 펜실베이니아 주립대에 입학한다. 졸업을 앞두고 35명만 뽑는 로즈 장학생을 도전한다. 엘리트 중의 엘리트만 지원을 하는데 당시 지원자는 950여 명이었다. 그는 쟁쟁한 경쟁을 뚫고 합격한다.

"비록 앞은 볼 수 없지만, 여러 분야에 관심이 많다. 연극에 도전하고 싶다."라고 말한 그는 18세 때 생부를 찾았다. 그리고 편지를 썼는데 '기회의 땅'에 온 것에 감사하고 용서한다는 내용을 적었다. 입양은 무한한 가능성 있는 아이에게 능력과 배움의 기회를 주기도 한다. 아낌없이 사랑을 줄 수 있다면 말이다.

　많은 입양가족을 만나보면 진정으로 바라는 건 많지 않다. 그저 평범한 가족으로 봐주는 것뿐이다. 종종 소수의 일탈로 일어나는 입양가족 문제를 전체로 보지 않길 바란다. 절대다수의 입양가족은 대한민국 구성원으로 평범하고 행복하게 살아가고 있다.

더 많아야 할
입양 전(前), 후(後) 교육

입양신청과 서류접수를 마치면 '예비양부모 교육'을 이수해야 다음 절차가 진행된다. 일일 8시간 교육인데 입양법률교육, 자녀의 발달과 심리, 부모감정코칭 등으로 구성된다. 시험을 보거나, 오랜 시간 교육받는 게 아니라 부담스럽지는 않다. 하지만 입양 전 의무적으로 받는 유일한 교육이기에 집중하여 교육받아야 한다.

입양기관마다 입양 후 교육 프로그램이 있다. 자발적 교육 프로그램으로 강제성은 없기에 일정 인원 이상 수강생이 있어야 오프라인 수강이 가능하다. 몇 년 전부터 편하게 교육받을 수 있도록 온라인 수강으로 확대되었다. 입양정책이 입양 자체에 있다 보니 입양 후 교육 프로그램 콘텐츠는 빈약한 느낌이고 수강생모집 등에 적극적이지도 않다. 두 딸을 입양하고 나서 이 점이 아쉬웠다. 수많은 입양부모가 아이와 어떻게 소통하고, 함께 해야 할지 몰라 당황한 경우가 많았기 때문이다.

이런 현실에 민간단체인 한국입양홍보회가 발 벗고 나섰다. 스스로 양친교육, 전문강사교육, 여름캠프 등 프로그램을 만들어 수강생을 모집하고 있다. 전라북도의 경우 민간 경상 보조금을 받아 매년 각종 프로그램을 시행한다. 입양가족들이 자체적으로 제안하고 설득하면서 진행된 것들이다. 초창기 이 프로그램을 만드는데 한국입양홍보회의 초대 김의남 지부장님과 2대 강명복 지부장님의 도움이 컸다.

정부나 지자체, 입양 전문기관에서 놓친 일들을 우리가 하면서 정말 유익하고 도움이 되는 프로그램으로 만들었다. 정부나 지자체, 입양 전문기관에서는 입양이 끝이 아니라 이후에도 지속적인 관심을 가졌으면 한다. 그 방법과 프로그램은 알고 싶다면 한국입양홍보회에 조언을 구하면 된다.

　미혼모를 만나는 프로그램은 서로를 이해하는 데 큰 도움이 된다. 전라남도 나주 영아원에서 입양가족과 미혼모의 만남을 가졌다. 미혼모가 될 수밖에 없었던 이유와 입양까지의 이야기, 훗날 아이를 만나면 해주고 싶은 말 등을 진행했다. 미혼모를 이해하는데 책이나 인터뷰가 아닌 생생한 육성으로 들을 수 있게 된 것이다. 놀라운 건 아이들의 반응이었다. 딸과 함께 간 아이들은 평소답지 않게 진지했고, 친생부모를 이해할 수 있는 계기가 되었다는 말도 했다. 용기 있게 프로그램에 응해준 미혼모들께 감사하다는 말을 전하고 싶다. 입양 후 프로그램이 전국적으로 확대되었으면 좋겠다.

　기억에 남는 교육으로는 해외입양아 초청이 있다. 해외입양아는 정체성을 찾기 위해 한국에 온다. 입양가족과 만나 이야기를 나눈다. 성인으로 성장한 모습을 부모와 아이가 함께 그릴 수 있다는 장점이 있다. 이외에 자녀교육 전문 강사를 초빙하여 강의를 듣기도 한다.

교육은 꼭 강의만 듣는 것은 아니다. 비주기적이지만 제주도 여행을 다녀온 적도 있다. 아이들은 눈치 볼 것 없이 놀 수 있고, 부모들은 휴식 겸 정보를 교환하기도 한다. 제주도로 여행갈 때 유독 들뜬 입양가족을 본 적이 있다. 이유를 물으니 부부 모두 비행기를 처음 타 본다고 했다. 이 입양부부를 보고 입양은 넉넉한 경제 환경이 아니라 아이를 사랑하는 마음이 앞서야 실천할 수 있다는 걸 알았다. 넉넉하지 않아도 아낌없이 주는 것, 이것이 입양을 받아들일 수 있는 현실이다.

나는 한국입양홍보회 전북지부 이사로 활동하고 있다. 욕심을 낸다면 은퇴 후에도 계속 활동을 하고 싶다는 것이다. 누군가 꿈을 물었다. 나는 입양가족을 위한 건물을 오픈하고 싶다고 말했다. 지금도 마찬가지다. 입양가족을 위한 사랑방 같은 곳이다. 현재 전라북도는 완주군 소양에 있는 교회에서 이 역할을 맡아 하고 있다. 기회가 된다면 전주에도 사랑방을 하나 만들고 싶다. 이 쉼터에서 교육 프로그램을 만들고 편견 없이 입양에 관해 함께 이야기를 꽃을 피웠으면 한다.

입양 후 관련 교육은 아직 초기 단계라고 볼 수 있다. 그래서 한국입양홍보회가 하는 프로그램 개발과 실행은 우여곡절이 많다. 분명 좋아질 것이라고 믿는다. 이젠 정부와 지자체, 전문기관도 관심을 가져야 할 때이다. 우리 역시 적극적으로 도와주고 있다.

다은, 다혜 이야기
갱년기와 사춘기, 다은이 일기

며칠 전 다은이를 데리고 병원에 다녀왔다. 4주에 한 번씩 가는데 왜 이렇게 바쁘고 빨리 돌아오는지 알 수 없다. 교수님께서 다은이가 사춘기에 머물러 다행이라고 한다. 그리고 여느 때처럼 다음 진료를 예약해준다. 주사 한 대 맞고 오면서 대형매장에 들러 이것저것 사서 왔다.

우리 다은이 로션과 체육 시간에 바를 선크림 그리고 틴트도 하나 샀다. 엄마 것이라며 로션과 영양크림에 선크림까지. 다은이가 기나긴 사춘기를 겪으면서 나 또한 갱년기를 겪어내느라 참 힘들었다. 지금은 힘든 시기를 모두 넘기고 잘 적응하면서 다은이도 즐거워하고 행복해한다. 나또한 젊은 학부형들과 만나서 시시덕거리고 있다. 시골생활이 이젠 정말 좋다.

다은이 일기

안녕하세요. 김다은입니다. 오늘 아침에 아빠가 밥을 차려주시고, 쓰레기 청소와 설거지도 해주셨다. 엄마는 그런 아빠가 너무 고마운지 자꾸 쪽쪽 뽀뽀를 한다. 다혜가 "아~ 진짜!" 하고 웃으면 엄마, 아빠가 더 뽀뽀를 하신다. 내가 "아, 엄마 그만 좀 해!" 하면 엄마가 "왜?" 하면서 웃으신다. 정말 둘이 닭살 커플 같다.

예전에는 안 그러시더니 작년 겨울에 TV 드라마를 보시고 나서 아빠가 회사에 가실 때도 뽀뽀, 회사 다녀오실 때도 뽀뽀, 밤에 텔레비전 볼 때도 뽀뽀. 진짜 완전 닭살 커플 같다. 아빠는 다혜한테 볼 양쪽은 '다은이 다혜' 것이라고 하시고 입술은 엄마 것이라고 하신다. 그래도 엄마 아빠가 싸우는 것보다 뽀뽀하는 게 좋다. 정말 못 말리는 엄마, 아빠!

전무후무한 학교 내 입양교육

 입양아의 특성 중 하나는 초등학생 때 스스로 튄다는 점이다. 입양 사실을 숨기지 않고, 교과서에 입양 관련 내용이 나오면 당당히 밝힌다. 하지만 학년이 올라가면 자제를 한다. 딸들을 봐도 알 수 있다. 초등학교 때는 입양에 관련된 안 좋은 이야기를 한 친구에게 적극적으로 따지고 사과를 받는 등 입양 사실을 숨기지 않았다. 하지만 차츰 시간이 지나면 '물으면 답한다.' 정도로 바뀐다. 어릴 때처럼 따지거나 싸우지 않는다.

초, 중, 고등학교 모든 과정에서 '가족'에 대해 배운다. 학년이 올라가면 조금 더 깊고, 심오하게 배운다. 입양은 교과서에서 몇 줄만 나오고 끝이다. 가족을 구성하는 하나의 방법으로 배울 뿐이다. 필요성이나 좋은 점 등에 대해서는 언급이 없다. 입양가족으로서 이러한 점들이 아쉽다. 입양은 혈연만으로 한 가족을 이루는 것보다 훨씬 의미 있다. 또 사회에 긍정적인 영향을 미치는 일이다. 아이들이 초등시절부터 입양에 대해 심층적으로 교육받는다면 입양을 보는 시선이 달라질 것이다.

지역뉴스에서 다문화 교육 소식을 본 적이 있다. 아이들은 베트남 전통 옷과 요리를 직접 하며 즐거워했다. 베트남 문화를 알려주는 일일 선생님은 학부모였다. 다문화 가정의 엄마인 셈이다. 아이도 엄마가 선생님이 되니 기뻐했다. 다문화 교육은 매우 활성화되고 있다. 아이들은 다문화 옷을 입고 연극을 하거나, 베트남어, 중국어 등을 배운다. 그러면서 다문화에 대해 차츰 알아가고 그런 친구들을 자연스럽게 받아들인다.

과거에 다문화가정의 여성은 가난한 나라에서 결혼하러 왔다는 인식이 컸다. 하지만 지금은 많이 달라져서 우리 사회 구성원으로서 받아들이고 있다. 교육을 받을수록 아이들은 이러한 것들을 편견없이 받아들이게 된다. 입양도 마찬가지로 교육이 필요하다. 교과서 몇 줄이 아니라 입양에 관한 생각을 나눌 수 있는 교육이 그것이다. 입양가족의 적극적인 의견 반영을 위해 '국민청원' 등 여러모로 모색하고 있지만, 아직 많은 사람의 응원이 필요하다.

입양을 공교육으로 끌고 올 수 있는 국민 응원이 부족할 뿐 입양교육에 관한 내용은 풍부하다. 풍부한 교육 내용 중 3가지만 제시하면 다음과 같다.

첫째, 입양 관련 문학이 있다. 입양 관련 동화, 시, 에세이, 만화 등이다. 학년별로 수준에 맞는 문학은 많다. 특히 입양 이야기를 담은 에세이는 청소년의 감성을 풍부하게 만든다. 동화는 저학년 아이들에게 친숙한 동물을 의인화하여 입양을 표현한 작품들이 많다.

둘째, 입양 관련 사회적 현상에 관한 토론이다. 입양은 가족 사랑이라는 보편성에 관해 알게 한다. 혈연 중심 사회에서 입양을 보는 시선은 극과 극이다. 거기에 따른 현상과 해결책에 대해 자신의 의견을 낼 수 있다. 사회적 현상에 관해 토론하는 교육이 가능하다.

셋째, 입양아 성공사례로 동기부여를 할 수 있다. 입양아 중에는 사회적으로 성공한 사람이 있다. 성공스토리는 아이들에게 꿈을 심어주기에 충분하다. 입양아는 불쌍한 아이가 아니라 보통 아이와 마찬가지로 무한한 가능성이 있다는 인식을 심어줄 수 있다.

예전에 우리는 뿌리 깊게 박힌 혈연 중심 사회였다. 하지만 지금은 시대가 달라지고 있다. 글로벌 시대로 국경이 사라지고 있으며 국제적인 환율 거래가 초 단위로 디지털 화면에서 움직인다. 이제 우리는 자라나는 아이들에게 입양교육을 새로운 관점에서 제시해야 할 때다. 혈연에 대한 생각을 바꿀 수 있다. 인구가 1억은 되어야 내수가 살아난다는 통계가 있다. 우리나라는 6천만 정도로, 젊은 세대가 국내경제만 바라보기에는 한계가 있다. 인구가 국가 경쟁력의 한 축을 담당하게 되는 것이다. 인구 유입으로는 다문화 정책이 있다. 다문화 가족 교육 후에 다문화에 대한 시선이 좋아진 것처럼 입양 역시 교육으로 인식이 달라질 수 있다. 입양을 공교육에서 다루게 하는 것은 입양가족만의 힘으로 할 수 없다. 이 책을 보는 사람은 물론 많은 사람의 관심이 좀 더 나은 사회를 만들 수 있다.

한 아이는
우리 모두의 책임입니다

 어느 여름날, 야근을 끝내고 집에 가는 길이었다. 차를 몰고 가는데 남매로 보이는 아이들이 걷고 있었다. 같은 방향이면 태워주려고 말을 건넸다. 초등학생 남자아이는 좋아했지만 누나로 보이는 중학생 여자아이는 극구 타지 않겠다고 했다. 나를 경계하는 것 같아 '다혜 아빠'라고 말하고 집 위치도 알려줬다. 하지만 아이들은 결국 타지 않았다. 그래서 나는 그냥 지나칠 수밖에 없었다.
 각박해진 세상은 어제, 오늘의 일이 아니다. 이웃이 누군지 모르는 건 당연하다. 누군가 도움을 요청해도 꺼려질 수밖에 없다. 이런 어른들의 태도에 경종을 울린 일도 있다. 일명 '패딩 중학생' 일이다. 한파 속에 할아버지 한 분이 쓰러졌는데 어른들은 쳐다만 볼 뿐 관심을 안 보였다. 이때 길 가는 중학생 3명이 할아버지를 일으켜 세웠고 패딩을 벗어 덮어주었다. 덩치 큰 학생은 할아버지를 업어서 집까지 모셔갔다. 그 바람에 중3 학생은 기말시험을 못 볼 뻔했다.

선행이 알려지면서 모 언론에서 인터뷰를 했다. "처음에는 어른들이 도와주지 않기에 '어, 왜 안 도와주지?' 하고 생각했어요."라고 했다. 이 말에 나를 포함한 어른들은 부끄러웠다. 이 학생들은 요즘 세상에서 한 줄기 빛과 같은 존재이다. 각박한 세상에서 자기 이익에만 취한 어른들을 보고 배우지 않기를 바란다. 어른의 영향력을 받아 아이들도 점점 각박해진다.

모든 아이들은 꿈을 가질 권리가 있다. 그리고 그 꿈의 성취를 도와주는 게 어른들이다. 통계적으로 아이들의 꿈,

1순위는 국가공무원이다. 국가를 위해 봉사하겠다는 생각인지, 아니면 취업이 어려운 세상에 공무원이 최고라고 생각하는 것인지 모르겠다. 또한 일부 아이들의 꿈은 '건물주'라고 한다. 초등학생도 '조물주 위에 건물주'라는 말을 쓴다. 어느 선생님은 아이의 꿈이 '20억'이라는 구체적인 액수로 기록되었다고 말하기도 한다.

'사회적 부모'라는 말이 있다. 아이랑 아무 상관 없는 어른도 아이의 부모라는 뜻이다. 나의 두 딸의 부모는 세상의 모든 어른들이다. 세상 모든 아이들 역시 내 아이인 것이다. 세상의 아이가 내 아이라면 사회적 부모로서 무슨 행동을 해야 할까? 간단하다. 쉬운 것부터 하면 된다.

도시에 살 때 산책을 하는 곳에 10초 정도면 건널 수 있는 횡단보도가 있었다. 차가 많이 지나지 않아 길을 건너가도 되지만 문제는 주변에 초등학교가 있다는 것이다. 그래서 아이들이 많은데 그 중에는 다은이, 다혜도 있다. 가끔 재빠르게 건너가고 싶어도 딸들이 본다는 생각에, 다른 아이들도 본다는 생각에 꿋꿋하게 신호를 지킨다. '신호 지키기'는 어른으로서 직접 보여주는 일이다.

 쓰레기를 재활용해서 버리고, 아이가 앞에 있다면 바른 말을 사용하는 것도 있다. 안전운전, 공공재 바른 사용, 이웃을 보면 먼저 말 걸기 등 우리가 유치원 때 배운 것들을 그대로 실천하면 된다. 아이들은 기본을 지키는 사회적인 부모를 보고 자란다. 어른들 중에는 '요즘 아이는 예의가 없다.'고 말하는 사람도 있다. 어른들이 아이들을 훈계할 자격이 있을까. 아이는 혼자 키울 수 없다. 주변에는 수많은 사회적 어른들이 있다. 어른들이 보여주는 모습과 태도가 아이의 성장에도 영향을 준다. 그것은 내 아이만 잘되는 일은 아닐 터이다.

 모든 아이의 부모는 사회의 모든 어른이다. 입양아도 우리 모두의 아이들이다. 그리고 당신은 아이의 사회적 부모로서 입양아를 포함한 모든 아이를 무한한 가능성이 있는 선물로 바라보자. 사회적 부모의 행동과 말에 아이는 영향받고 자란다.

더도 말고, 덜도 말고
마음만 열어주세요

"다혜 엄마, 다혜가 엄마를 많이 닮았네."

"제 딸인데 누굴 닮겠어요?"

'새댁'이라 불리는 아내와 동네 어르신들이 나누는 대화이다. 아이와 함께 웃고, 울고 했으니 당연히 닮을 수밖에 없다. 엄마와 자녀만 닮을까? 아니다. 나이 들면 부부도 닮는다고 한다. 성별이 다르고, 생김새가 다르고, 성격도 다른데 닮아가는 건 같은 얼굴근육을 쓰기 때문이다. 가족에게 좋은 일이 있으면 함께 웃고, 슬픈 일이 있으면 함께 울기 때문이다. 그러니 살수록 더 닮아간다.

　우리 부부도 모임에서 닮았다는 말을 듣곤 한다. 싫지 않은 말이다. 솔직히 나이 들면 웃을 일이 많지 않다. 더욱이 중년 남성은 심각할 정도로 웃음이 부족하다. 이 점에서 나는 행운이다. 아들들이 성장하면서 웃었고, 시간이 지난 후 딸들이 성장하는 걸 보면서 웃었기 때문이다. 전형적인 '아빠 미소'로 말이다.

　날짜 감각이 둔해지는 나이지만 딸들이 결혼기념일에 용돈을 아껴서 선물을 사 온다. 어버이날에는 편지를 써서 읽어주거나, 선물을 사준다. 밸런타인데이, 로즈데이 등 알지도 못하는 기념일에는 늦게 퇴근해도 선물을 준다. 아들들은 아들들대로 든든한 느낌이 있다. 그래도 아빠 입장에서 살가운 건 딸들이다.

　아내가 근육통을 호소하면 다은이는 마사지를 해준다. 나이가 들수록 힘이 강해져 시원한 느낌이 든다고 한다. 다혜는 집안일을 도와준다. 역시 시간이 갈수록 능숙해진다. 어릴 때는 우리가 아이들의 후원자였지만, 시간이 지나면 아이들이 우리 부부의 후원자 같은 느낌이다. 정(情),

말동무, 가치 인정 그리고 행복감 같은 가치들이다. 그래서 나는 사람들에게 이렇게 말한다.

"두 딸을 입양해서 10억이 들었다면, 나는 100억을 벌었다."

팔불출 같지만 이렇게 말하는 건 돈으로 환산할 수 없는 행복을 느끼기 때문이다. 입양을 홍보하는 건 이 행복을 다른 사람도 느끼길 바라는 마음에서다. 딱 이것뿐이다.

한 입양가족을 소개하겠다. 완주군 소양에 사는 하림이네 가족이다. 내 나이쯤 되면 '얼굴만 보면 안다.'라는 말에 공감할 것이다. 하림이네 가족은 모두 천사의 얼굴을 가지고 있다. 가면이 아닌 진짜 행복한 얼굴이다. 하림이가 주는 행복과 신앙의 힘이 지금의 얼굴을 만들었다. 소위 말해서 '그냥 좋은' 분들이다.

이 가족은 다른 입양가족과 다른 점이 하나 있다. 하림이가 몸이 불편하다는 것이다. 몸이 불편할 뿐이지 불행하지 않다. 오히려 행복한 가족이다. 하림이는 성장하며 장애가 나타났다. 그런데 가족은 절망하거나 슬퍼하지 않고 똑같이 키우고 있다. 만약 하림이가 입양되지 않고, 시설에서 자랐다면 지금과 같은 천사의 얼굴을 할 수 있을까. 마찬가지로 하림이 부모도 천사 같은 얼굴일까. 입양이란 그런 것이다. 강하고 힘센 어른이 약하고 힘없고 아무것도 모르는 아이를 데려다 키우는 단순한 가족 형성이 아니다.

'입양은 가족이 되고 서로에게 사랑을 나누고 비슷한 얼굴이 되어가는 행복한 과정이다.'

이 행복이 지속될 수 있도록 입양정책에도 많은 관심을 갖고 토론과 교육이 이어졌으면 한다. 소수 중 소수의 일탈과 범죄 때문에 모든 입양가족을 문제있는 가정으로 보는 일을 막고자 하는 방편이다. 우리 사회가 입양을 자연스럽게 받아들인다면 입양인식 개선 토론에서 그치는 것이 아니라 조금 더 생산적인 큰 그림을 그릴 수도 있을 것이라는 기대를 해본다.

입양가족이 사회에 진정으로 바라는 건 마음의 문(門)

열기이다. 입양가족을 그냥 '가족'으로 바라보자. 더 욕심 내다면 행복한 가족이 될 수 있도록 응원해주면 된다. 딱 이것뿐이다. 우리가 어릴 때부터 보고, 배우고, 느끼는 그냥 가족 말이다. 그냥 평범한 가족이 되고픈 사람들을 위해 마음의 문을 열어줘라. 그 정도 선행은 베풀 수 있지 않은가.

다은, 다혜 이야기
3중주

어젯밤 교회에 모여 예배를 드렸다. 시골교회이다 보니 성탄전야 예배를 드리는 사람이 많지 않다. 그래도 찬양 소리는 온 교회 안을 가득 채우다 못해 교회 밖 온 동네와 하늘나라까지 퍼졌으리라 믿는다. 2부 순서는 중학생들의 캐럴 메들리였는데 성도들의 마음을 기쁘게 했다. 그리고 다은이와 다혜가 연습한 3중주가 이어졌다.

다은이 친구 피아노에 맞추어 다은이의 바이올린 연주가 시작되었고, 다혜는 앙증맞은 모습으로 플루트를 연주했다. 모두가 감동했는지 박수갈채가 이어졌다. 몇 명 되지 않은 박수 소리가 왜 그렇게 큰지. 정말 행복했다.

아이들은 새벽 송을 돌아야 하기 때문에 교회에서 합숙을 한다고 우리 부부만 집으로 돌아왔다. 그런데 딸 바보 아빠는 아이들이 연주하는 모습을 핸드폰 동영상으로 찍어 와서 저녁 내내 보고 또 본다. 처음엔 신기해하며 보던 아들도 "제발, 아빠 좀 그만…"라고 말한다.

그만 보라는 말 때문에 귀에 딱지가 생길 것 같다. 그래도 아빠는 손에 스마트폰을 쥐고 누워서 보고 또 본다.

아빠

왜 이제 왔어요